当场签单

跳出价格战的价值营销法

王志飞◎著

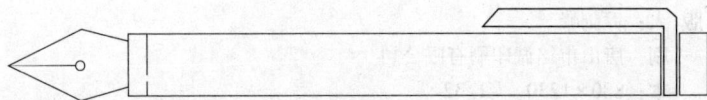

古吴轩出版社

中国·苏州

图书在版编目（CIP）数据

当场签单 ：跳出价格战的价值营销法 / 王志飞著
. -- 苏州 ：古吴轩出版社， 2019.12（2021.7重印）
ISBN 978-7-5546-1462-4

Ⅰ．①当… Ⅱ．①王… Ⅲ．①市场营销学 Ⅳ.
①F713.50

中国版本图书馆CIP数据核字（2019）第248257号

责任编辑：蒋丽华
见习编辑：闫毓燕
策　　划：杨中兴　朱雪强
特约策划：成功新华
装帧设计：尧丽设计

书　　名：当场签单——跳出价格战的价值营销法
著　　者：王志飞
出版发行：古吴轩出版社
　　　　　地址：苏州市八达街118号苏州新闻大厦30F 邮编：215123
　　　　　电话：0512-65233679　　　　　　　传真：0512-65220750
出 版 人：尹剑峰
印　　刷：唐山市铭诚印刷有限公司
开　　本：880×1230　　1/32
印　　张：7.5
版　　次：2019年12月第1版
印　　次：2021年7月第2次印刷
书　　号：ISBN 978-7-5546-1462-4
定　　价：45.00元

如有印装质量问题，请与印刷厂联系。010-69590252

许多曾被销售员奉为圭臬的销售理念和模式，已经随着时代的发展而逐渐落伍，新的理念和模式为销售员的成功带来新的方向和动力。

在我们身边，有很多品牌在新的市场环境中备受冷落，如诺基亚、摩托罗拉等；也有许多新的品牌在短时间内便成功占领了新兴市场，如小米、华为等。在这个改革的时代里，新的商业模式不断涌现，新的销售理念和模式也层出不穷。从4P理论（从企业的角度看销售）到4C理论（从客户的角度看销售），再到2C、2S、2A理论（从价值的角度看销售），销售理念在不断更新迭代。在理论升级的背后，是从关注企业到关注客户，最终过渡到关注客户价值的进化逻辑。

现代销售市场的发展趋势，是越来越多地关注产品能给客户带来的价值。而这一点，恰恰与价值销售的主旨不谋而合。价值销售学是一门以客户为中心的学问，以为客户提供差异化、最大化的价值为最高追求。销售员应该明白，价值销售卖的不仅是产品本身，更是产品带来的品牌价值、情感价值、实用价值、时间价值、品位价值、个性价值、信息价值、附加价值等。身为销售员，还应该懂得如何按照客户的方式去思考，知道怎样从客户的角度去定义价值，并说服客户购买自己的产品。这些都是销售员需要掌握的基本功。

本书不仅告诉读者如何向客户传递有意义的价值，如何在与对手的竞争中占据先机，以及如何获得更多的订单和利益，还分享了满足客户需求及通过更多价值去赢得客户的秘诀。希望能够帮助读者通过各种销售手段的融合，不断提升客户的满意度，实现利益最大化。

本书是一本值得认真研读的理论著作。读者想要真正了解价值销售学，就要多花一些时间，对重点内容进行反复阅读。好好享受研读的过程，当你能为客户带去更多的价值时，你得到的利润将大幅增加。

目录
CONTENTS

第七章

个性价值：给客户"我跟他们不一样"的幸福感

第八章

信息价值：释放信息"炸弹"，让客户觉得非它不可

第九章

附加价值：额外的收获让客户产生更多满足感

第十章

不同的客户群体，价值需求亦有所不同

附录

后记

第一章

好销售，不讲价格讲价值

　　如今的市场，产品更新迭代的速度越来越快，产品的差异化空间也越来越紧缩。面对同质化较高的产品，客户关注的重点已经从产品的价格转移到了产品的价值上。

如何界定产品价值

> 如果你行事正确，提供真正的价值，有六成的客户会欣然增加交易量。
>
> ——杰·亚伯拉罕

所谓产品价值，是由产品的功能、特性、品质及式样等多种因素共同产生的价值。它是客户需求的中心内容，对客户是否购买产品起着决定性的作用。

在分析和界定产品价值的过程中，有两个不容忽视的因素：得到和失去。这种收获和付出之间的关系，才是衡量价值的真正量度。

假如收获等于付出，客户就会觉得物有所值；假如收获高于付出，客户就会觉得物超所值；假如收获低于付出，客户就会放弃购买。所以，要想真正理解价值，就要将平等这一重要指标放在恰当的位置。

通常来说，在销售活动中，对价值的考量主要表现在以下三个方面。

1. 客户决定价值的高低

对于客户来说，只有真正感知到的价值才是有意义的。更确切地说，只有当客户感受到交易是平等的时候，他才认可产品的价值。而产品价值的高低也取决于客户的感受。如果客户不把自己认可的价值告诉销售员，销售员就无法确切地了解产品价值的高低。

2. 价值应该大于价格

产品的价值，是一种综合性的概念。虽然产品的价格是价值的外在表现，但并不能完全代表价值。对于客户来说，既然付出了价格，自然希望能换来大于价格的收获。

3. 价值具有长期属性

一般来说，客户对产品本身的价值关注并不多，而是将注意力主要放在产品或服务能够带来什么或是做到什么上。也就是说，价值需要具备长期属性，才能满足客户的需求。

在经济发展的不同时期，客户对产品的需求会有所不同，构成产品价值的因素以及各种因素的相对重要程度也会有所不同。比如，在计划经济体制下，由于产品供给不足，客户会把获得产品放在首要位置，所以对产品的耐用性、可靠性等性能方面的价值更看重，而选择忽视产品的颜色、式样等欣赏价值；在产品琳琅满目、人们生活水平普遍提高的今天，客户不再满足于单纯获得产品，而是对产品的材质、外观等具体价值表现有了更高的期待。

另外，每个客户都是独立的个体，对产品都有自己的诉求。无论客户身处相同的经济时期，还是在不同的经济时期，不同类型的客户对产品价值会有不同的要求。这一点反映在购买行为上，就是客户往往表现出极强的个性特征和明显的需求差异性。

> **想一想：**
>
> 对产品价值的考量，主要表现在哪些方面？

在界定产品价值的过程中，销售员需要考虑社会环境、产品特性、客户需求等诸多因素。但最重要的因素是客户的感受和评价。在当今这个社会，尤其如此。毕竟产品价值是由客户需求决定的，销售员只有根据不同类型客户的需求，制定相应的销售方案，才能为客户创造更大的价值。

从以自身价值为导向，到以客户价值为导向

> 优秀的业务员会站在客户的立场为他们考虑。
>
> ———— 柴田和子·

亨利·福特曾经说过这样一句话："任何顾客都可以把这辆车涂成他喜欢的颜色，只要它是黑色的就行。"在传统的销售模式中，福特的这句话被销售员视作金科玉律，而福特汽车也确实取得了令人难以置信的伟大成就。

传统的销售员，往往喜欢从自身出发来确定产品的价值，有些销售员甚至主观地认为"只要我们销售这种产品，客户就一定会购买"或是"我们不销售这种产品，就说明客户不需要它"。他们很自大地认为自己完全了解客户的需求，所以只要提供自己认为适合客户的产品就可以，而不会想着如何为客户提供个性化的产品。如果有人对他们的做法表示质疑，他们就会以"对所有客户一视同仁"来解释自己的这种做法。

实际上，这种做法的本质并不是平等对待每位客户，而是销售员想偷懒。他们只是为了自己能够方便一些，减少为满足客户个性化需求而付出的种种劳动，而不是真的关心客户，真心为客户考虑。

在传统销售环境中，客户能够接触的产品以及对产品信息的了解都非常有限，对产品的要求也相对简单。销售员往往以自己为中心，为客户提供产品和服务。

而在如今这个社会中，产品的种类、数量都有了大幅增加，客户对产品的了解也越来越充分。随着产品透明度的增加，客

> **想一想：**
>
> 以客户价值为导向，销售员需要做些什么？

户对产品有了越来越多的个性化要求。在这种情况下，销售员必须以客户为中心，想客户之所想，急客户之所急，全方位地为客户提供相应的服务，才能抓住客户的心，顺利实现销售。

以客户价值为导向的销售中，客户才是主体，销售员要做的是尽量与客户保持一致，站在客户的角度上去思考问题。从客户的角度去看待销售和产品，就是要以客户的利益为中心，不仅要让客户看到产品本身具有的价值，更要让他们看到产品能带来的延伸价值和附加价值。

要知道，在物质条件十分富足的今天，客户对价格的关注度已经大大降低，要想通过降价来赢得客户的做法，早已不合时宜。将关注点放在客户的价值需求上，从客户的视角来定义产品的价值，

才能真正把握产品价值，为价值销售奠定基础。

在价值销售中，客户处于销售的中心位置。为了更大程度地满足客户的个性化需求，销售员常常思考的问题是"我要怎样才能为客户提供他们需要的产品"，他们需要花费大量的心思去为客户提供定制化的服务，或是考虑客户是不是有什么特殊的需求。

当销售员从客户的角度出发，去定义和销售产品价值，客户会因受到"特殊待遇"而心生满足，所以更愿意以较高的价格去购买销售员的产品。这种销售方法，显然比打折、甩卖之类的销售方式更能让销售员得到利润。

摒弃降价销售，拥抱价值销售

> 在任何市场里，都是价值拥有真正的权威，而不是价格。
>
> —— 托马·温宁格·

按照马克思政治经济学的观点，价值就是凝结在商品中的无差别的人类劳动。当商品的价值通过货币表现出来的时候，就被称作价格。

在客户眼中，产品的使用价值并非价值的全部内涵，他们购买产品的目的主要是满足个人的某种需求。如今的市场，产品差异化空间越来越小，市场上已经很难找到所谓的独特商品。于是，某种产品一旦销量不佳，无法吸引客户关注，销售员就会觉得十有八九是同质产品太多造成的。为了提升销售业绩，销售员往往将降价作为首选策略。毋庸置疑，降价会对销售有所促进，但利润空间也会随之降低。

更何况，如今的客户已经不再满足于价格低廉，单纯地降价对客户已经没有那么大的吸引力了。在这种市场环境中，降价销售的模式显然已经不符合时代潮流。

　　既然如此，我们不妨换一个思路。客户既然对价值有较高的需求，那么不妨持续向产品或服务中注入新的价值，借助价值销售来赢得客户的青睐。

　　一个产品的价值，一定程度上是由客户的心理因素决定的，这一点已经成为基本共识。也就是说，无论一个产品的真实价值是多少，

> **想一想：**
>
> 　　价格销售的模式为什么已经穷途末路？

实际呈现出来的价值，关键要看客户对这个产品的心理认知情况。

　　因此，即便产品的物理属性价值已经无法改变，我们也可以通过增加客户对产品的心理认知的价值，来促使交易的天平向我们倾斜。比较常见的方法有：塑造产品及品牌的文化、给产品注入情感因素、强调产品实用性、节约客户的时间、提升产品的品位、为客户提供个性化服务、传递产品信息、给予附加福利等。

　　价值销售的一大特点，就是赋予产品明确而实在的价值基础，让客户真真切切地感受到产品带来的价值。促使交易最终达成。在实际操作中，价值销售共有四个主要步骤。

1. 发现价值

　　价值销售的第一个步骤，就是对产品价值进行有效的梳理，从中发现产品的基础价值。这一步不能只停留在表面的价值层面，而要深入挖掘，发现其核心价值。只有明确了核心价值，销售员才能更好地发现产品的优势，展开针对性更强的销售。

2. 重估价值

时代在变，环境在变，产品的价值必然也处于不断变化之中。因此，产品价值发现的过程，也是不断重估价值的过程。只有保持动态评估的思维，才能更加准确地把握产品的价值。

3. 匹配价值

任何一种产品，其价值都体现在满足客户的需求上，只有产品的价值能够满足客户的预期，客户才会做出购买的决定。在这个过程中，销售员要以满足客户的需求为最终目标，竭尽全力找到客户最为关注的价值所在。

4. 表达价值

完成上述一系列工作之后，销售员还有一项重要的工作，那就是将产品价值表达出来。毕竟产品不会说话，销售员要将产品的价值说出来，以便让客户真切地感受到这种价值。

价值销售是一个系统性的工程，要求销售员对产品价值和客户需求都有比较深刻的洞察和认识。坚持以客户为中心，为客户提供真正的价值和服务，这是价值销售的基本原则，也是销售员成功销售的保证。一旦客户的价值能够实现最大化，销售员能够得到的利润也将大幅增加。

六大特征，揭示价值销售的真面目

> 无论你卖什么，都要让它清晰地传达给你的潜在客户：买了它比不买它要来得好。
>
> —— 金克拉·

随着市场的不断变化，销售方法也在不断地改进。就其总体趋势而言，是"以产品为中心"向"以客户为中心"转移。

2008年，IBM的销售方法发生了重大转变，从传统的特色销售方法论（SSM），进化到客户价值方法论（CVM），着重强调为客户创造价值。而且，几乎在同一时刻，各大跨国公司都从之前的销售方法转变到了价值销售阶段。

价值销售如此风靡、有效，它究竟有哪些特征呢？

1. 与客户建立更加广泛、深入、持久的关系

在传统的销售模式中，一次旷日持久的价格战，足以令整个

产业的经营收入和利润都损失殆尽。这使得很多公司难以拿出足够的经费用于联络客户感情，维持合作关系。而价值销售是通过"价值"来维系关系，这使得彼此之间的关系更加广泛、深入和持久。

2. 更早地介入购买周期

价值销售与以往的销售模式不同，它在前期就开始帮助客户发现和挖掘需求，从而与客户建立联系，增加客户的黏度和依赖感，为销售的最终完成做好铺垫。

3. 协助客户建立购买产品的标准

每个客户都是独立的个体，对于产品的需求也因人而异。通过价值销售，可以发现客户最为关注的产品价值，进而确定其购物的标准，为客户提供差异化的产品和服务。

> **想一想：**
>
> 你头脑中的价值销售是什么样的？

4. 帮助客户躲开购物陷阱

任何一种产品，都无法做到完美无缺。但是在销售的过程中，很多销售员惯于宣传甚至夸大宣传产品的优点，而忽略产品的缺点。这会让客户感觉受到欺骗，导致交易失败。价值销售重在介绍产品的真实价值，降低客户因贪图低价而上当受骗的概率。

5. 证明产品的价值

客户购买产品，很大一部分原因是他们希望解决某方面的问题，或是满足某方面的需要。价值销售恰恰能够证明产品的价值何在，让客户明明白白消费。

6. 降低收款风险

任何一次销售活动中，客户都要承担一定的购买风险，一旦真的遭受风险，回款就会变得困难。价值销售强调为客户提供和创造价值，甚至某些价值远远超过产品本身的价格，这种价值让客户心甘情愿地掏钱付款。

与传统的销售方式相比，价值销售的关注点在于客户，追求为客户带去更多的需求满足感和更好的消费体验。一切以客户为中心，围绕客户打造销售和服务体系，客户才能真真切切地体验到"上帝"的感觉。

降成本，升价值，价值销售才不会是空谈

> 如果你不想降低价格销售你的产品，就必须向对方证明，你的产品价格是合理的，值那个价格。
>
> ——齐格·齐格勒·

相对价格销售而言，价值销售是一种更加先进和有效的销售方式。但是，在进行价值销售的过程中，销售员同样会发现问题：某些客户对产品非常满意，产品价值也符合他们的特定诉求，但是，他们最终依然放弃购买。

这种情况时常发生，让许多销售员对价值销售的实际效用产生了怀疑。实际上，客户之所以产生怀疑，是因为销售员忽视了影响客户的另一个重要因素，那就是购买成本。

想一想：

你觉得怎样才能为客户降低购买成本呢？

客户在决定是否购买产品之前，往往会先衡量购买成本和产

品价值。如果购买成本较高，那么交易通常难以达成；如果产品价值较大，那么交易往往可以顺利达成。也就是说，交易达成的途径通常有两条：降低客户的购买成本，增加产品的价值。如果两者可以兼得，那对交易的达成将会有很大的促进作用。

但是，降低客户的购买成本和增加产品的价值，都会令销售成本有相应的增加。那么，如何才能在尽量不提高或少提高销售成本的情况下，降低客户的购买成本并提升产品价值呢？

一般而言，客户的购买成本可以分为以下四种。

1. 时间成本

现代社会，生活节奏极快，时间异常宝贵，所以对时间成本非常看重。销售开始之前，销售员可以将交易中的所有步骤逐一罗列出来，并计算出每个步骤所要消耗的时间成本。将那些多余或不重要的环节去掉，就可以优化销售流程，提高沟通效率，从而为客户创造更多的价值。如果流程已经达到最优，无法进一步压缩时间，销售员可以通过提供副产品、服务等方式，巧妙地改变客户对时间的认知，变相降低客户的时间成本。

2. 体力成本

有一个无法否认的事实是，现代人正变得越来越"懒"。这与人们几乎没有时间进行体育锻炼有关，也受到越来越便捷的生活方式的影响。它所造成的后果是，人们的体力越来越差，越来越注重体力成本。也就是说，降低客户的体力成本，就是变相地增加了产品价值，会提高销售成功的概率。想做到这一点，销售员可以使用的方式有很多，如送货上门、网络销售、一站式购物等。

3. 风险成本

客户购买产品时，必然要承担一定的风险，所以在购物的过程中，他们往往会进行思想博弈，一旦觉得风险太大，很可能就会放弃购买。为了让客户放心购买，销售员可以提供权威机构的鉴定书、相关机构的承保证明及其他客户的反馈信息等，也可以适当延长产品的保修期，或是提供更加周全的售后服务，以求消除客户的顾虑，促进交易的达成。

4. 选择成本

面临选择时，人们总会左右为难。客户在购买产品时，也有同样的心理。想要选择购买，却又担心产品与自己的预期不符，无法得到想要的产品价值，或是想到其他竞品，总想做一番比较。面对这种情况，有些销售员会断然否定其他产品，让客户只购买自己的产品，但是他们忽视了一点，那就是客户一旦没有了选择余地，反而会感受到更大的风险，很可能直接放弃购买。正确的做法是，给客户充分的选择自由，甚至给他们留出反悔的空间，当他们适应和习惯了产品之后，通常不会因为一点儿小问题而后悔自己的选择。

　　客户购买成本的降低，无形中增加了产品价值，在某些情况下，即便销售员提高产品的价格，客户也会选择购买。这是因为，产品价值的提高，是客户追求的目标，也是客户愿意花钱购买产品的基本条件。销售的过程中，销售员要尽力寻找一切能够提高产品价值的方法。这样一来，不仅能满足客户的实际需求，还能提升个人的业绩和销售水平。

低价竞争，把销售推向衰败的"黑手"

> 谈判高手总要对买家的出价表现出被吓了一大跳的样子。
>
> ——罗杰·道森·

在互联网时代，网上购物成为越来越多人的选择。许多消费者甚至足不出户，就能从网店里购买到所有的生活用品。小到牙签，大到冰箱，只要在网上下单，就会有人送货上门。对于这类消费者来说，销售员似乎是一群多余甚至阻碍自己的人。如果没有销售员的存在，他们也许能够找到更廉价、更优质的产品。

这并不是刻意夸大，而是真实存在的情况。在互联网上，消费者可以找到更多的产品，做出更加细致的比较，通过货比"N"家，他们可以从中选出性价比最高的产品，将自己的利益最

想一想：

你怎样看待用低价换订单这种做法？

大化。

对于销售员而言，客户在不需要自己的情况下，还能得到更好的产品，这显然是一种巨大的灾难。但是，这种事情却实实在在地发生了，销售员不得不面对这样的现实。

在一家汽车配件公司中，一共有80多名销售员。翻看他们的销售案例之后，不难发现：他们之所以能成功签下订单，是因为销售员报出了市场最低价；而签单失败的原因，则是销售员的报价并不是市场最低。

之所以出现这种情况，是因为市场上的汽车配件质量相差无几，在质量分不出好坏的情况下，价格自然成为决定成败的关键因素。更让销售员失望的是，汽车生产厂商对汽车配件的价格了如指掌，配件的价格，往往由生产厂商说了算。也就是说，有没有销售员对汽车配件公司来说基本没什么差别。

这让其他员工产生了疑惑：既然把产品降到最低价就能拿到订单，那还要销售员干什么呢？面对这个犀利的问题，很多销售员都无法给出答案，有些销售员甚至都不知道自己存在的意义是什么。

如果只是简单地靠低价去赢得订单，那这个工作谁都能做，甚至直接让客户给出一个可以接受的价格就能达成交易。但是，这种交易方式只会让销售陷入恶性竞争之中，不仅销售员无法从中获利，对整个销售行业的环境也会造成恶劣的影响。用低价换订单的做法，会让销售员逐步走向被淘汰的境地。

一名优秀的销售员，不会只将目光停留在"低价销售"上，而是会从产品的价值上挖掘新的卖点，以价值改变客户的认知和想法。因为他们深知，价格拼到最后，只会给所有人带来伤害。这种做法，早就不再适合如今的市场，无法给客户带来满意的消费体验。

参考案例

市场上的诸多品牌中，无印良品算是比较特殊的一个。无印良品的产品没有繁杂的形式和颜色，营销过程中没有做广告和请代言人，甚至连专属的logo都没有。从这些方面来看，无印良品和我们印象中的爆品品牌有很大的不同，但事实上，它所取得的业绩令很多公司难以企及。

2010年，无印良品在全球的净销售额达到了107.8亿元；到了2012年，这一数据变成了119.2亿元。无印良品究竟是如何运营的，才让其销售额居高不下？

1. 挖掘客户的潜在需求

对于客户的潜在需求，无印良品一直非常重视，想方设法地进行挖掘。2003年，他们曾进行过一项名为"观察"的开发计划，开发团队不仅通过活动直接询问客户有何需求，更细致观察客户的日常生活，对客户家里的商品拍照留存。开发团队通过搜集、分析照片，从中挖掘客户的潜在需求。

2. 对细节严格要求

俗话说"细节决定成败"，无印良品胜就胜在对细节的严格要求上。它不仅对产品的陈列有标准化要求，还要保证产品的陈列符合客户的购物习惯。比如，笔类商品的陈列，要做到笔尖朝内、笔盖方向一致；美容护肤类商品的陈列，要做到标签与瓶盖方向一致；服装销售区凡是折叠摆放的衣服，领口都要对着过道，以方便客户看到领口的样式。

3. 珍视所有的客户

无印良品的社长金井政明十分重视来自"生活良品研究所"的邮件，因为邮件里记录的是每一位客户对产品的建议和意见。

一般情况下，每天来自客户的邮件能达到30～50封，星期三的时候通常能达到顶峰，大概有100封。对于客户提出的建议，无印良品都会在认真研究之后，做出相应的改变，以期让客户满意。

4. 追求环保的理念

日本的自然资源稀少，所以很多设计遵循"极简"原则，而且，日本禅宗也讲究简朴的生活方式，追求"极简生活"。

基于这样的社会理念，无印良品在设计产品的过程中，便将产品的普遍性和基础性放在了首位，艺术总监原研哉对此描述道："追求的不是'这样好'，而是'这样就好'。"无印良品以环保的理念打造产品，这让它的产品更加符合世界潮流，更易被客户认可。

5. 以便利性作为产品设计的主导

在研发产品的过程中，无印良品对品质和便利性有着极高的追求，这让它在同类企业中显得有些特立独行。

无印良品的每一件商品，从研发到售卖的整个过程中，设计师都要参与其中，经过层层严苛的审核。而且，无印良品聘用日本顶尖的设计师组建了外部咨询委员会。这个团队将对产品的设计理念进行认真研讨，以确定产品是否符合无印良品的理念要求。

产品不能"随大流"，不能紧跟时髦，是外部咨询委员会对产品的硬性要求之一。从创建之初，无印良品便站在潮流的对立面，将长久耐用、价格合理、设计普通作为长期追求的目标。这样做，能够满足客户最质朴的需求，为客户带来最大的便利。

6. 产品陈列标准严苛

无印良品不仅重视产品的研发，对产品的陈列也有十分严苛的标准。因为无印良品很清楚，在产品没有广告、没有新颖设计的情况下，想要吸引客户有着不小的难度，因此他们便在产品陈列方面下足了功夫。

通常而言，无印良品的新店开张时，要花费1～3周的时间来完成商品陈列。对于店员而言，摆放商品往往是最辛苦的工作。

每一家门店的商品陈列，都由总部提供方案，并提供相应的图纸或照片，以求严格保持一致性。

7. 入乡随俗

无印良品能在中国市场获得成功，关键在于它坚持入乡随俗，根据中国客户的习惯对商品进行本地化的研发。

比如，无印良品在中国的部分家具城调研之后发现，中国客户更喜欢大床，于是生产出宽度为1.6米、1.8米的日式大床。此后，无印良品又生产出更符合中国客户需求的桌椅，同样获得了火爆的销售业绩。

【案例分析】

无印良品能够取得不俗的业绩，在市场上打造出一款又一款备受欢迎的产品，看似有些出人意料。因为在有些人看来，无印良品不做广告，没有代言人，这些都对传播效果产生了一定程度的消极影响。但事实上，在互联网时代，产品的传播方式已经发生了极大的变化，客户的口口相传和互相影响，才是对产品最好的宣传。无印良品抓住了客户的潜在需求，给予了客户良好的消费体验，这让客户愿意主动为其宣传，使得无印良品的名声越来越好，产品销量越来越多。

第二章

品牌价值：售卖产品价值，从品牌文化讲起

在产品价值的诸多构成因素中，品牌价值占据着非常重要的位置。毕竟有声望的品牌是历经岁月洗礼和客户不断选择之后的产物，其品牌价值凝聚了客户和市场的认可，具有极强的说服力。

以客户为中心，只为客户生产

> 我有义务为他们服务一辈子。
>
> —— 乔·甘道夫

对于一家公司而言，客户是业绩和利润的来源，只有把客户放在中心位置，竭尽全力地为客户提供产品和服务，以满足客户的需求，客户才会对产品采取接纳的态度，才会对公司忠诚。

华为创始人任正非曾经表示：华为的核心价值观只有一个，那就是"以客户为中心"。他说："华为之所以崇尚'以客户为中心'的核心价值观，就是因为只有客户在养活华为，在为华为提供发展前进的基础，其他任何第三方都不可能为华为提供资金用于生存和发展。所以，也只有服务好客户，让客户把兜里的钱心甘情愿拿给我们，华为才有可以发展下去的基础。华为的价值和存在的意义，就是以客户为中心，满足客户的需求。"

华为人坚持以客户为中心，为客户提供符合需求和体验良好的产品，反过来，客户对华为投出了信任票，以实际行动表达了对华为的支持。可以说，华为之所以能够取得如今的成功，"以客户为中心"的公司文化发挥了莫大的作用。

华为对核心价值观的一贯坚持，为客户带来了更加卓越的消费体验，客户对华为的这一价值观自然也深为认可。从某种程度上说，这一价值观已经成为华为品牌的重要组成部分，将这种价值

> **想一想：**
>
> "以客户为中心"和价值销售有何关系？

观展示给客户，往往有助于打动客户，促使客户购买产品。

华为自始至终将客户放在中心位置的做法，恰恰与价值销售的宗旨完美契合。价值销售的重点在于售卖产品价值，品牌价值作为产品价值的重要组成部分，自然应该受到销售员的重视。

对于客户来说，"以客户为中心"就意味着他们才是销售的主体，在销售过程中他们将处于主导地位，能够享受到销售员无与伦比的服务，并得到极致的消费体验。可以说，价值销售的这种宗旨，正是客户最佳的价值追求。

既然如此，销售员完全有必要在销售中强调这一重要的品牌文化，让客户从心底里对产品产生更多的信赖。

"以客户为中心"并不只是一句口号，而是一种强大的理念，它在企业生产、营销的过程中都会产生巨大的约束作用。对于销售员而言，这句话是工作的主旨和重要信条，谁能真心实意地将客户视作中心并为他们提供最好的产品和服务，谁就能赢得客户，做成

生意。

　　在许多销售活动中，品牌文化都能发挥巨大的作用，尤其是在客户对品牌价值极为认可的情况下。对于销售员而言，品牌价值往往能够让客户主动"认输"，选择购买销售员推销的产品。不夸张地说，良好的品牌文化会对客户的购买决定产生积极的促进作用，它对销售活动具有重大的意义。

感恩客户，无关成交与否

> 你的想法、观念决定你的一生。
>
> ——————————————————————罗伯特·舒克

"客户是销售员的衣食父母"。这句话不仅是销售行业的真理，还是一家公司长期立于不败之地的重要原则。

把客户当作"衣食父母"，以感恩的心态去面对他们，有些销售员或许接受不了。但是从薪酬利益上来说，"客户购物，销售员得到报酬"这层关系是确确实实存在的。

身为销售员，有一个道理必须明白，那就是公司和自己的业绩、利益，都是客户给予的。没有客户的认可，销售员的价值就难以体现，公司便无法得到想要的利润。因此，无论交易是否达成，销售员都应该对客户保持感恩之心。

> **想一想：**
>
> 　你会把客户当作自己的衣食父母吗？

当然，对客户感恩并不是要求销售员低三下四，也不是让销售员对所有的客户都感激涕零，而是希望销售员能够保持个人素质和职业素养，让客户感受到应得的被尊重感。

对客户表示感恩，不单单是嘴上说说，还要体现在行为举止上；对客户表示感恩，不单单是销售员的个人行为，也是公司品牌文化的重要组成部分。在推销产品的过程中，销售员应该积极宣传这种品牌文化，时刻对客户心怀感恩之情，真正关注客户遇到的每一个问题，并站在客户的角度上为其提供有效的解决方案。唯有如此，客户才会从内心深处认可公司的品牌文化。当品牌文化转化为品牌价值时，客户对产品和公司的依赖感就会增强，销售员的销售工作也会变得简单起来。

带着感恩的心态去接触客户，销售员就会将客户放在比较重要的位置。在这种心态下工作，销售员往往可以更好地与客户进行沟通，让彼此之间的关系进一步升华。具体来说，销售员要想让客户深切地感受自己对他们的感恩之情，以及公司浓厚的"感恩文化"，往往需要做好以下几个方面的工作。

（1）尽量避免与客户发生争辩或争吵。

（2）不管发生什么事，都要认真倾听客户的想法和建议。

（3）想客户之所想，急客户之所急，诚心诚意地为客户服务。

（4）不管交易情况如何，都应对客户表达谢意。

在我们身边，有很多销售员的销售业绩不甚理想，之所以如此，就是因为他们很少将感恩放到公司文化的层面去理解，也做不到对客户常怀感恩之心。要知道，品牌文化是产品价值的重要组成部分，它的号召力和影响力往往是超乎想象的。如果在销售产品之前，销售员能先将品牌文化推销出去，让客户对公司和品牌产生更多的认同感，让他们感受到品牌文化带来的价值，就会对交易的达成起到极大的促进作用。

　　销售员对客户的感恩，应该发自内心，也应该是销售员感情与品牌文化的完美融合。对于销售员来说，感恩客户不仅是一种良好的心理状态，也是一种必备的销售能力。表达谢意虽然看似简单，却能真切地反映销售员的心态和素质。将感恩提升到品牌文化的高度，是一种高超的销售手段。客户认可品牌，就是认可品牌价值，就是接受产品的价值，因此也就会接受销售员的推销。

良好的口碑，是产品最好的介绍信

让那些曾经到你那里买过东西的客户帮你推销。

———— 施莱辛斯基 •

　　客户愿意购买产品，说明产品对他有帮助，能够满足他某方面的需求，或是能为他提供有用的价值。为了实现价值的最大化，客户在确定购买之前，一定会对产品的品质、功效及售后服务等进行认真而细致的调查。

　　所以说，在介绍产品的时候，销售员绝对不能信口雌黄，随意夸大产品的价值和效用。如果客户经过调查发现，销售员所说的与市场的反馈并不相符，或是产品无法给客户带来他想要的价值，那么客户不仅不会购买产品，还会对销售员产生质疑和反感。

　　可以说，虚妄的夸大非但不能打动客户，反而会给销售员带来负面影响。实际上，诚恳介绍产品的情况，即便有些不足或瑕疵，客户只要没被蒙骗，也不会过于气愤。如果客户发现自己受到了欺骗，那他对销售员的态度就会是另一番模样。

产品在市场上的反馈，其实就是它的口碑。只有良好的口碑，才能赢得客户的认可。反之，客户会对产品嗤之以鼻。从

> **想一想：**
>
> 　你会如何宣传产品的口碑价值？

这个角度来说，良好的口碑，就是产品最好的介绍信。

销售员坚持为客户提供最优质的产品，努力给客户带来更佳的消费体验，从而让客户产生较高的满意度，进而产生较好的口碑。随着良好口碑的不断积累，产品也会受到越来越多的客户的认可。

一款拥有良好口碑的产品，即便销售员不费尽口舌地去推介，客户稍微了解一下，心里也会有答案。为什么良好的口碑会有如此巨大的魅力？是因为它在很长一段时间内经受住了市场的考验，是众多客户共同认可的一种表现。

所以说，良好的口碑是销售员推销产品的有力武器。当一个品牌在市场上树立起良好的口碑时，自然就会形成某种传播效应，客户之间口口相传，产品的声誉就得以传播，由此在客户头脑中形成良好的印象。这种共同的认知，让产品拥有了广阔的市场。所有这一切，都体现了产品蕴含的巨大价值，会对客户的心理产生某种冲击。

一款销量巨大的产品，必定具有良好的口碑，这一点毋庸置疑。而能够塑造良好口碑的企业，往往已经在市场上存在了很长时间，而且，它必然坚持为客户带来最好的产品和服务，因为只有坚

持以客户为中心，客户才能发自内心地对企业表示认同。从这个层面上说，产品的良好口碑就是企业的良好口碑，而企业的良好口碑则是企业文化的重要组成部分。

在互联网时代，产品信息更加透明，传播速度更快。口碑越好的产品，越能引起客户的关注，越能让客户产生足够的信任感。

具体而言，客户之所以看中产品的口碑价值，原因主要体现在以下两点。

1. 好产品比好渠道更重要

在传统的销售模式下，客户能够接触产品的渠道十分有限。很多客户甚至在没有亲眼看到、亲手触摸到产品的情况下，就购买了产品。

但是，在互联网环境下，客户接触产品的渠道变得越来越多，能够触摸到的产品也越来越多。那些普普通通的产品，已经很难引起客户的关注，只有那些具有良好口碑且独一无二的产品，才能给客户带来与众不同的消费体验，让客户感受到品牌价值的巨大魅力。

2. 客户认可的产品，才能产生好口碑

良好口碑的形成，并不是简单的事情，也无法在短时间内完成。产品要在市场上形成良好的口碑，首先要赢得客户足够的认同，只有这种认同形成一股强大的合力时，良好的口碑才真正具有影响力。

随着时代的不断发展，客户对产品的要求已经不再像以往那样简单，不能只具有实用价值，也不能只具有观赏价值，如果各种价值能融合在一起，那才最好。只有那些能让客户感觉物超所值的产品，才能真正打动客户，进而形成良好的口碑。

产品的良好口碑，对客户具有极大的吸引力和影响力。毕竟良好的口碑是经过市场检验之后才能拥有的。在以客户为中心的价值销售理论中，销售员只有借助适当的手段去实现客户预期、满足客户需求、展现产品价值，才能让客户为产品买单。

如今，客户在购买产品时比以往有了更多比较的机会。在各种比较之中，那些口碑较好的产品，往往会成为客户的最终选择。反过来也可以说，用口碑打动客户，是销售员赢得订单的优质途径。

所以说，销售员在推销产品的时候，可以从产品口碑这一点入手，让客户体会到口碑带来的价值，进而通过口碑去影响客户的决策，让口碑变成促成交易的重要推手。

产品为王，靠核心技术打遍天下

> 如果推销员自己都信心不足，就会自然不自然地在客户面前有所流露，就会影响到客户的购买情绪。
>
> ——艾德娜·拉尔森·

客户之所以购买产品，是因为产品能够满足他们某方面的需求，让自己的某种欲望得以满足。在这个过程中，产品能够带给客户的体验、实惠等，是客户比较关注的价值所在。

无论这种价值是品牌价值、情感价值、实用价值、时间价值，还是品位价值、个性价值、信息价值等，总之客户对它们会有某些需求，只有在产品能够满足其需求的前提下，客户才会愿意购买产品。

想一想：
产品的核心技术为什么如此重要？

不管客户需要产品的何种价值，这些价值最终都要通过产品来展现，也就是说，产品本身的品质是价值存在的基础。追求各种价值的前提是产品本身，而产品的核心技术，则是产品能够占领市场的关键所在。

一般来说，核心技术强大的产品，对客户会有较大的吸引力。反过来也可以说，价格和品质类似的产品，客户对核心技术的关注会更多一些。产品的核心技术，是展现品牌价值的重要平台，是销售员推销产品的重要"武器"。将产品的核心价值介绍给客户，让客户切身感受到产品的优势，体会到公司为客户提供最佳产品的美好愿景，客户往往会徜徉其中，愿意享受产品带来的独特价值和极致体验。

思科公司是世界闻名的网络解决方案供应商，其核心产品是为客户提供与通信及国际网络有关的基础设备和解决方案。它为全球互联网骨干网络提供了80%以上的交换器和路由器，拥有全世界最大的互联网商务站点。

思科公司拥有强大的研发制造技术和系统，这让它生产出了独具优势的产品。

1984~1987年，思科公司的核心优势是多协议路由器技术。

1988~1995年，思科公司的核心竞争力在于不断创新、优化路由器技术，并创立了鼓励中小企业创新的管理体制。

1996年至今，思科公司不仅注重自己创新，还通过并购其他公司来保持技术上的领先，同时着力打造更能吸引人才的人力资源体系，进而持续强化企业的核心竞争力。

　　一家公司的核心技术，就是其核心竞争力。在如今产品为王的时代，只有保证产品品质，让客户体验到产品的独特优势，客户才会真正爱上产品，愿意花钱购买产品。

　　产品的核心技术，可以凸显甚至提升产品的价值，这一点毋庸置疑。反之，产品缺乏核心技术，就会失去竞争力，难以在市场上占据一席之地。对于很多客户来说，衡量品牌价值的手段之一，就是检验产品是否具有核心技术，能否满足自己的核心需求。

　　价值销售强调以客户为中心，所以客户的关注点就是销售员的关注点，客户的需求就是销售员的需求。既然客户关注产品的核心技术，那么销售员不妨将"打造核心技术"作为品牌文化介绍给客户。如果销售员能够给予客户想要的品牌价值，那么销售就会从客户那里获得实实在在的利润。

把品牌变成一种符号

> 公司的声誉是一项强有力的卖点，它可以帮助你达到成交目的。
>
> —— 乔·吉拉德·

　　任何一家公司，想要和客户建立联系，品牌是一座不可或缺的桥梁。创建自己的品牌，让客户对品牌产生深刻的认知，是一种便捷的赢得客户的方法。

　　但是，令人遗憾的是，对于如何创建品牌，许多公司并没有很深刻的理解，对具体的做法也没有清晰的认识。实际上，通过将品牌符号化，以达到让客户牢牢记住品牌的目的，这一方法已经被证明具有很好的效果。

　　老干妈是很多人都耳熟能详的一个品牌，靠着价格不高品质却很好的辣椒酱走出了国门。

老干妈没有投入大量的资金用于做广告，它之所以能获得如今这样的市场认知，完全是客户口口相传的结果。通过不断积累的良好口碑，老干妈得到了客户的认可，从而不断迎来新的发展。在国内市场大获成功之后，老干妈开始进军国外市场。走出国门的举动，使得老干妈的品牌影响力得到了进一步的提升，这又促使它更好地被客户认可。

消费心理学认为，人们对学生时代的情景和事物往往有着更加深刻的印象。如果某种产品从学生时期入手，那么学生时代的美好回忆中，就会有这种产品的影子，这样一来，客户往往更容易产生消费记忆，这将有助于增强品牌的附着力。随着时间的推移，这种消费记忆会越来越深刻地印在客户的脑海里，品牌也会逐渐变成一种符号。

一旦品牌变成了一种符号，产品的独特性就能更好地得到彰显，使得客户对产品的记忆更加深刻。在这个基础上，产品如果能在包装方面保持长期的一致性，那就会对客户的记忆形成更加有力的冲击，使得客户对这种产品符号产生更为真切和深刻的认知。

许多产品的成功，都与其品牌符号化的策略有着密不可分的关系。当某个品牌像符号一样深深印在客户心里时，它的影响力显然超乎想象。随着品牌印象的不断强化，客户对产品的认可程度

想一想：

如何才能将品牌变成一种符号？

也会越来越高。

　　不得不说，品牌符号化对于公司而言有着十分重要的意义。客户将简单的符号记在脑子里，很容易对品牌产生更加深刻而直观的印象，这比单纯记忆品牌名字显然要容易许多。

　　鉴于这种情况，销售员可以利用符号来增强客户对产品的认可度，提升他们对企业的忠诚度。将产品作为一种易于记忆的符号介绍给客户，对于客户来说是一种简便的认知方式，对于销售员来说则是销售产品价值的高效途径。

参考案例

面对互联网的冲击，很多传统企业选择了转型。但是在市场的巨大浪潮中，依然有很多传统企业在转型过程中纷纷被击倒，而任正非的华为则成了转型成功的典型代表。

2013年12月16日，华为旗下的互联网手机品牌荣耀正式独立；

2014年，荣耀手机的总销量突破2000万部；

2015年，荣耀手机的总销量突破4000万部；

……

荣耀取得的这一系列成就，证明华为在转型的道路上成功了。而之所以会有这样的结果，是因为任正非对互联网产生了比较清晰的认识，他知道如何指挥员工去工作。

在任正非的意识中，常常存在强烈的危机感。所以当互联网对传统企业产生冲击的时候，他就已经做好了准备。比如，2001年，当华为发展势头正猛时，任正非却发表了一篇名为《华为的冬天》的文章。2012年，当很多企业都在学习华为时，任正非又授权出版了一本名为《下一个倒下的会不会是华为》的书。

在任正非看来，企业最大的战略就是生存下去。他说："华为最基本的使命就是活下去。"即便华为已经取得令世人瞩目的成就，任正非依然说："我没有远大的理想，我只想这几年如何活下去。"任正非曾提醒自己的员工："超宽带时代会不会是电子设备制造业的最后一场战争？我不知道别人怎么看，对我来说应该是。如果我们在超宽带时代失败，也就没有机会了。"

任正非不断将危机意识灌输给自己的员工，这使得华为在面临转型时更有底气、更加从容。而许多企业倒在转型的道路上，恰恰是因为员工的危机意识不强烈。

华为的成功，让它成为很多业内人士的研究对象。经过研究发现，很多企业之所以转型失败，恰恰是因为企业拥有一套完整的管理体系和工作流程，这使得企业的体量过大，想要在短时间内做出改变有很多的阻力和困难。而华为之所以能够成功，则是因为它敢于做"减法"，能将一些固有的东西弃之不用。具体而言，华为的"减法"表现在以下两个方面。

1. 彻底"归零"，重新学习

所谓"归零"，就是将自己过去的思维、行为方式等全部忘掉，让自己彻底放空，回归初始状态。这一点，相信很多人都很难做到，因为很少有人愿意重新来过，也很少有人能对自己这么"残忍"。

大多数人都认为，特斯拉这种颠覆式创新会让它超越宝马，但是任正非并不同意这一观点，他觉得，只要宝马不断地改进，不断地接收新东西，就能从特斯拉那里学到有用的东西。

在手机业务方面，华为向小米学习其成功经验。在很多人看来，华为对小米有些亦步亦趋，但是在任正非看来，这是一个学习的过程，只有时刻向小米学习，才能跟得上小米的脚步，才不会被小米甩开太远。任正非认为，要想完成转型，就必须打破自己既有的条条框框，敢于接触和拥抱新生事物，只要做到这一点，华为就一定不会落后。

任正非曾对余承东说："你们这棵桃子树上一定要结西瓜，不能就只结桃子这一种商业模式。"任正非抱着认真学习的态度，从基础开始学习小米，这才让荣耀有了光荣绽放的机会。

2. 在"弯道"超越对手

荣耀的成功，不仅因为任正非能够彻底"归零"，还因为他懂得如何在"弯道"超越对手。这里所说的"弯道"，其实就是指市场的战略机会点。

任正非很清楚，在面对互联网这种巨大改革的时候，仅仅向对手学习经验是不够的，还要有自己的核心竞争力，这样才能在"弯道"处成功超越对手。

关于宝马和特斯拉的竞争，任正非认为，在驱动和智能驾驶方面，特斯拉确实占据优势，但在机械磨损和安全舒适方面，特斯拉显然无法和宝马媲美。只要宝马愿意，向对手学习，是可以缩小与特斯拉之间的差距的。

在做智能手机的时候，华为也认真分析过自己的战略机会点。他们发现，在材料科学方面，苹果和三星占据一定优势；在互联网营销方面，则是小米占据优势地位。自己的优势则有两个：一是拥有独立设计芯片的能力；二是技术整合优势。

很早的时候，华为就开始研发终端芯片，在3G网络刚刚普及的时候，装备了华为自研芯片的上网卡一度在欧洲市场达到了80%以上的占有率。当然，手机芯片的研发难度显然要大很多，但是华为并没有因此而放弃。

华为旗下的海思半导体有限公司经过坚持不懈的努力，最终成功研发出了能与高通芯片媲美的麒麟手机芯片，从而一举摆脱了对高通的依赖。这为华为研发全新的智能手机奠定了坚实的基础，也让华为有了更强大的核心竞争力。

华为总能牢牢抓住市场的战略机会点，在"弯道"处给予对手重重一击，击败对手的同时，也为自己赢得了更加广阔的发展空间。

如何让宝马追上特斯拉？把这个问题延展开来，其实就是传统企业如何与现代企业进行竞争的问题，就是传统企业如何转型才能不被市场抛弃的问题。这个问题虽然无法得出完全统一的答案，但是值得所有人深思。任正非已经找到了自己的答案，并根据这个答案走出了一条属于自己的成功之路。

案例分析

　　在通信领域，华为公司可谓佼佼者。能够在竞争激烈的市场中脱颖而出，其公司文化发挥了重要的作用。保持危机意识的同时，不断向对手学习，这让华为得以扬长避短、取优补劣，一步步走到了行业领先者的位置。

第三章

情感价值：产品有价，感情无价

产品是没有温度和情感的。但是，销售员可以为产品注入情感，让它为客户带去温暖，给客户一次充满感情的购物之旅。

情感是打动客户的有力武器

> 很多时候，你与客户交谈时，不妨先和对方聊聊家常，让客户了解你的背景和生活情形，以减轻其防卫心理，使彼此的交谈气氛更为融洽。
>
> ——齐格·齐格勒·

现代心理学研究认为，情感因素是人类接收信息的阀门。情感倾向哪里，心扉就会向哪里敞开。人毕竟是有感情的动物，在某些情况下，会受到感情的支配，从而做出有倾向性的选择。

销售的过程中，必然会涉及金钱，而在金钱面前，人们往往会保持理性。想让客户由理智变为冲动，情感是一种非常有力的武器。但凡能够在销售领域取得成就的销售员，无一不是擅长打感情牌的高手。

从表面上看，销售不过是商品和货币的交换过程。客户付出货币，换得销售员的商品；销售员付出商品，获得客户手中的货币——两者之间是单纯的买卖关系。但实际上，客户从产生购买意愿，到购买行为最终完成，感情因素往往起着决定性的作用。

通常来说，情感和需求是紧密相连的，客户是否购买或购买哪种产品，完全由他们自己决定。销售员只有推销符合客户需求的产品，才会让客户产生积极的情感，从而促进交易的最终达成。如果客户产生了愤怒、懊悔等消极情感，他们的精神就会受到伤害，无论销售员如何推销，他们都不会选择购买。

想一想：

客户的情感会对销售产生什么影响？

《幸福》杂志上的一篇文章写道："高超的推销术主要是感情问题。"利用情感因素来达到销售的目的，其实不仅仅是一种高超的技术，更是一种科学道理。这是因为，客户在心理上有情感方面的诉求，满足客户的这种心理需求，客户才有可能选择购买产品。

麦当劳是大家都很熟悉的快餐店，它的招牌以红色为底色，搭配黄色的"m"标志，让人一看就能产生深刻的印象。之所以选择这样的颜色搭配，是因为生活在城市中的人们每天都会看到红绿灯，与红、黄、绿三种颜色有着比较多的交集，对它们已经产生了一定的情感。很多人从小就听着儿歌里说的"红灯停，绿灯行，黄灯亮了等一等"，所以看到红色和黄色的时候，人们会习惯性地放缓脚步。

麦当劳从人们的记忆特点出发，有针对性地为品牌注入情感因素。人们不由自主地受到习惯性情感的控制时，就会对麦当劳生出一种亲切感。

产品的价值会在多方面得到呈现，而其中蕴含的情感价值是最能打动人心的。为产品注入情感，以情感价值去打动客户，这是一条销售的捷径，对销售员来说是非常好的选择。

对于销售员来说，每一次销售，都不单单是卖出产品这么简单。要想长久留住客户，销售员必须和客户建立感情上的联系，以真情和关怀去维系与客户的关系。因此，借助情感价值，进行情感营销，是销售员必须且应该长期坚持的销售方式。

把嘴闭上，听听客户怎么说

> 学会倾听是当务之急。
>
> ——博恩·崔西·

很多销售员认为，所谓销售，就是说服客户购买产品的过程，所以，销售员必须能说、会说，才能拿下订单，得到较高的业绩。

良好的口才是销售员应该具备的素质之一，这一点毋庸置疑。但是，仅仅会说还不够，销售员应该给客户足够的机会，让他们表达自己的想法和感觉，这是对客户情感上的一种照顾。

马里奥·欧霍文说："最明智的做法是销售员让客户多说，自己少说，这样，客户就会觉得自己是被重视的，他就能对你敞开心扉。客户说得越多，你越能从中捕捉到更多对你有利的信息。"

想一想：

对销售员来说，倾听有哪些好处？

对于销售员来说，客户就是上帝，为客户提供适当的产品和服务，尽量满足客户的需求，这是销售员的本职工作之一。在某些时候，适当地闭上嘴巴，听听客户怎么说，才能了解客户的需求，并拉近彼此的关系。

施莱辛斯基认为："虽然能言善辩是一名优秀销售员必须具备的重要能力之一，但是，成功的销售员不能只是一位伶牙俐齿的说客，也得是一位出色的听众。在销售的第一个步骤中，销售员需要运用聆听和提问的技巧，找出合适的客户，分析客户是不是一位具有购买自主权、有购买力和需要、愿意购买产品的人。"也就是说，销售员越懂得倾听，就越能收集到更多的客户信息，也就越有可能根据客户的情况制订一套合适的销售策略，最终将产品销售出去。

施莱辛斯基曾经和一位很健谈的客户进行电话沟通，结果，那位客户一直在说，根本没给施莱辛斯基说话的机会。

施莱辛斯基并不着急，他一边听一边认真地做着笔记。等客户说完，通话将要结束的时候，施莱辛斯基才说："先生，您知道使用我们的产品会给贵公司带来怎样的好处吗？"紧接着，他简明扼要地阐述了几条好处，而这几条恰恰满足了客户的需求。

结果，施莱辛斯基总共说了五六句话，交易就达成了。而且那位客户还十分高兴，表示感谢。

并不是施莱辛斯基本人有多么厉害，而是他在倾听的过程中了解到了客户公司存在的问题，能够给出针对性的解决方案。诚如戴尔·卡耐基所说："在生意场上，做一名好听众远比自己夸夸其谈有用得多。如果你对客户的话表现出兴趣，并有急切地听下去的愿望，那么订单往往会不请自来。"

对于销售员来说，做一名忠实的听众，全身心地倾听客户的心声，是有许多益处的。具体体现在以下三个方面。

1. 建立彼此的信任

认真聆听客户说话，能让客户对销售员保持开放的心态，对销售员的信任程度将进一步加深。可以说，倾听是一种极快的建立信任的方式。

2. 减少客户的抵触情绪

一般来说，客户对销售员会有防备心理和抵触情绪，如果销售员能够多听少说，把客户当作主角，客户的状态就会有所放松，从而能够有效减少对销售员的抵触情绪。

3. 增强客户的存在感

如果销售员一直说个不停，客户就会觉得自己可有可无，存在感就会降低，在这种心态下，客户显然不会对销售员和产品产生兴趣。反之，如果让客户多说，而销售员专注于倾听，那么客户说得越多，存在感就会越强。

销售员只有通过倾听，才能了解客户的真实需求，从而展开有针对性的销售。一旦学会了认真倾听，销售员就能更轻松地走进客户的内心世界并得到客户的信任，也就更容易得到自己想要的信息。

倾听可以让销售工作变得更简单、更轻松，因为客户对销售员的信任越多，销售员的订单就会来得越多、越快。

所以，作为销售员，必须谨记一点：有的时候，听比说更重要。

想交朋友，先做客户的"自己人"

> 当你和客户的谈话已经达到老朋友的状态时，相当于是作为朋友的你给对方提出建议，推销就有了90%成功的希望。
>
> ——博恩·崔西

林肯曾说："一滴蜂蜜比一加仑胆汁更容易捕捉到苍蝇。人心也是这样。如果你想让别人同意你的意见，那就要先让他相信，你是他最忠实的朋友，也就是所谓的自己人。用一滴蜂蜜去俘获他的心，他就会走在理智的道路上。"

是的，人们总是愿意相信自己人，愿意和自己人进行更多的交谈，想要和自己人有更多的相处。在自己人面前，人们才能放下心理戒备，痛痛快快、随心所欲地表现自己，真真切切地感受到安心和惬意。

> **想一想：**
>
> 如何才能成为客户的"自己人"？

客户和销售员的关系，都是

从陌生人开始的。面对陌生的销售员，客户难免有所提防，所以常常以拒绝等方式来应对，甚至不给销售员表达的机会。客户的这种表现，往往让销售员很难堪，但是，这恰恰符合他们的心理状态，销售员完全没有必要过分担心。只要能够迅速找到自己与客户的共同点，如同乡、同学、校友、兴趣爱好等，就会让客户产生"销售员是自己人"的想法。一旦销售员变成了客户的自己人，那就可以赢得客户的信任，为成功销售奠定基础。

对于自己人，人们会有更多的感情寄托。刨除彼此的血缘关系，这种寄托与个人的心理感受及两人之间的情感深度往往有着更大的关联。在销售过程中，这种联系同样存在。客户往往喜欢从熟识的人那里购买东西，就是源于这样一种心态。因为彼此关系密切，感情深厚，所以从内心深处就会选择继续维持这种融洽的关系。

但是，一旦客户感觉受到了销售员的欺骗，或是产品的价值不能令人满意，那么客户就会对彼此之间的关系产生怀疑，彼此之间的感情也会因此而受到影响。想要赢得客户的认可，销售员必须注意以下三点。

（1）着重强调双方的共同点，以此拉近彼此的心理距离。

（2）尽量保持双方地位的平等或接近，这样沟通的效果更好。

（3）客户对高尚的品行较为欣赏，平时应该在这方面有所加强。

销售员和客户之间，不能只是卖方和买方的关系。因为仅仅靠金钱维系的关系，往往会在没有金钱来往时就宣告破裂。销售员想要长期抓住客户，必须在情感方面发力，努力和客户成为朋友，让感情成为联系彼此的纽带，这才是长久之计。

当然，从陌生人变成朋友，并非一朝一夕的事情，也不是随便说说就能办到的。寻找并强化与客户的共同点，是销售员走进客户内心的有效手段之一。比如，客户是身材健硕的男性，就和他聊聊健身；客户与自己的口音相似，就和他聊聊家乡；客户是充满青春活力的年轻人，就和他聊聊时尚、潮流；等等。

总之，和客户交朋友是一个循序渐进的过程，在此过程中，销售员需要付出很多耐心和努力。销售员不能急于求成，更不能轻易放弃。从寻找共同语言开始，打开沟通的突破口，销售员逐渐就能成为客户的自己人，由此掌握一个推介产品、实现签单的高效秘诀。

尊重客户，让他觉得自己很重要

> 你说什么客户不会记得多少，但你带给他们的感受，他
> 们却永远忘不了。
>
> ——西门·海尔·

每个人都有自尊心，都希望得到别人的尊重、认可和称赞。尤其在销售活动中，客户处于"上帝"的位置，销售员更应该表现出对客户的尊重态度，满足客户情感方面的需求。从某种意义上说，销售员如果能主动表现出对客户的尊重，往往对成功销售有很大的助益。

原一平刚刚进入保险行业时，不过是明治保险公司最基层的一名见习保险推销员。但是，他始终坚持自己的理念，一直将尊重客户放在重要的位置上。

经过9年的锤炼，原一平终于取得了保险业绩全国第一名的成

绩，并且在之后的15年时间里一直在这个位置上屹立不倒。

当别人向他请教成功的秘诀时，他只说了两个字——尊重。

成功的销售员，都有一个共同的特点，就是知道如何通过一点一滴传达对客户的尊重之意，以便时时让客户感受到自己的重要性，从而促使客户对销售员及产品产生好感，进而促进交易的达成。

通常来说，销售员可以从以下八个细节中表现对客户的尊重。

1. 适当的着装

通常来说，销售员的服装以西装等正装为主，这样的装束会给客户带来庄重、专业的感觉。但是，并不是所有的场合都适合这样的着装，如果和客户的对比过于强烈，反而会拉大彼此之间的距离。所以说，销售员的着装原则，应该尽量与客户保持一致，这样会让客户感到更亲切。

2. 随时做笔记

销售员应该养成随身携带笔记本的习惯，以便随时记录客户的信息、需求等。在适当的时候，可以给客户送去生日、节日等问候，让客户感受到销售员带来的情感上的温暖。有能满足客户需求的产品时，可以及时与客户联系，让客户感受到销售员的重视和尊重。

3. 永远让客户先挂断电话

虽然每个销售员的时间都很宝贵,每一秒钟都可能找到新的客户,但是与客户通电话时,一定要让客户先挂断电话。这样不仅能表现出对客户的尊重,还能得到更多、更完整的信息。有的时候,客户在挂断电话之前所说的话,才是客户的真实想法。

4. 多说"我们"少说"我"

尽管两个词语只差了一个字,但是其中隐含的意义却截然不同。说"我们"的时候,表明销售员和客户站在同一战线上,从情感上说,这种心理感受会让客户对销售员产生更多的认同感。

5. 与客户的谈话方式保持一致

与客户交谈时,销售员不能只按照自己喜欢的方式讲话,而要主动适应客户的谈话方式,从而拉近与客户的心理距离,让客户放下戒备。

6. 不随意打断客户的话

客户说话的时候,销售员不能随意插嘴,这样才能不引起客户的反感,还会得到更多有用的信息。

7. 交谈中不接外来的电话

与客户沟通时，尽量不要接听别人的电话，这样才能体现出对客户的尊重。如果是非常重要、不得不接的电话，那也要征得客户的同意后再接，而且要在最短的时间内结束通话，以免让客户心生反感。

8. 不轻视弱势客户

销售员不能因为客户弱势就轻视他们。实际上，越是弱势的客户，越想得到尊重和关注，销售员应该更加关心他们，这样才能降低他们的敏感度。

尊重客户并不是让销售员低声下气，而是一种基本的修养。如果销售员可以照顾客户的情感需求，让客户在沟通中得到足够的情感价值，那么客户就会对销售员产生更多的情感依托，甚至成为销售员的亲密伙伴。

换位思考，站在客户的立场上想问题

> 感情—理解—感情，这是赢得客户芳心的重要公式。
>
> ——柴田和子

无论遇到什么事情，人们总是渴望得到理解，希望有人能够站在自己的角度思考问题。人们向往和追求换位思考、同理心，正是这种心理的最好体现。

乔·吉拉德曾说："成功是没有秘诀的，如果非要说有，那就是时刻站在对方的立场上。"作为一名世界闻名的销售员，乔·吉拉德对换位思考的理解和践行，显然对他的业绩有很大的提升作用。

然而，在现实生活中，有些销售员并没有站在客户的角度上思考问题。在推销产品的时候，他们习惯于喋喋不休地宣传自己的产品，却没有思考自己的产品是否适合客户，能否为客户带来应

想一想：

应该如何站在客户的立场上思考问题？

有的价值。这种口若悬河的推销方式，并没有抓住价值这一重点。客户需要的是能给自己带来价值的产品，而不是销售员自认为客户需要的产品。

　　坚持以客户为中心，站在客户的角度上思考问题，多为客户着想，多了解客户的需求，才能为客户提供真正有价值的产品。那么，怎样才算是站在客户的立场上思考呢？

换位思考

客户购买产品，自然是因为有需要，当然也希望对产品多些了解。销售员要把自己想象成客户，从客户的角度去选择、比较，耐心地为客户解答相关疑问。

为客户节约每一分钱

客户总想以最低的价格买到品质最好的产品，这一点虽然难以实现，但是销售员可以尽量为客户提供物美价廉的产品，让客户每一分钱都体现出它的价值。

客户是做出决定的人

销售员可以凭借自己的专业知识为客户提供建议和方案，但是最好不要帮客户做决定。客户会有自己的想法，而且很多想法销售员并不知道，只有让客户自己做决定，他们才会感觉满意。

　　在销售过程中，销售员要和客户保持一致，站在客户的角度上思考问题，这样往往可以获得客户更多情感上的认同，为拉近双方的距离奠定基础。

很多时候，销售员往往忽视产品中的情感价值，简单地认为产品能够满足客户的需求就好，所以不重视培养与客户之间的感情。殊不知，情感需求是构成产品价值的重要组成部分。销售员如果能改变思维模式，尝试在产品中融入更多的情感价值，客户也许会更容易被产品吸引和打动。

在价值销售中，客户所处的位置比以往更高一些。那些一心为客户着想的销售员，往往更容易赢得客户的认可，获得事业上的成功。站在客户的角度上思考问题，是对销售员的基本要求，也是销售员获得成功的基本保障。

多点人情味儿，就多点成交的机会

> 爱是我打开人们心扉的钥匙，使他们不再拒绝我推销的货物。
>
> ——乔·吉拉德·

　　每个销售员都知道，做销售其实就是做客户的工作。客户是销售存在的基础，是销售员收入的来源。只有让客户感受到销售员浓浓的人情味儿，销售才有成功的可能。也可以说，销售员的感情输出，会让客户产生更多的亲切感，促使客户与销售员产生更多的交集，实现更亲密的合作。

　　毕竟客户不是冷冰冰的机器，而是有感情、有温度的人，他们需要情感上的照顾和关怀，需要满足自己的情感需求。所以，销售员要对客户多点人情味儿，把客户的事情当作自己的事情，将

想一想：

　　怎样在产品中加入足够的人情味儿？

客户的困难视作自己的困难，竭尽全力地满足客户的需求，为客户提供最好的产品和服务。

杰弗里·吉默特曾说："人们更喜欢从朋友而不是从销售员那里买东西。"为什么呢？因为朋友之间的感情深厚，朋友之间的友情让人们感觉温暖，这种心理上的满足让购物变得充满乐趣。而在一般的销售员那里，客户这种情感上的需求往往难以得到满足，他们对购物的兴趣显然就没有那么浓厚。

作为一名销售员，自然深知满足客户需求的重要性。在销售中增加一点人情味儿，就意味着多一点成交的机会，销售员可以试着从以下几点增加人情味儿，与客户建立紧密的情感联系。

1. 给予客户足够的尊重

每个人都希望被人尊重，这种心理需求十分普遍。面对自己的"衣食父母"，销售员更要给予客户足够的尊重。当客户真切体验到被尊重的感觉时，他们就会意识到尊重的背后是销售员的浓浓人情味儿，就会对销售员多一分认同。

2. 多体谅客户

有时候，客户难免遇到难处或出现各种状况，以至于无法购买产品。此时，销售员应该以体谅和宽容的心态去面对客户，以免给客户造成难堪。

3. 适当做出让步

客户对低价格、高品质的追求永远都不会变，销售员如果死守自己的"底线"，丝毫不肯做出让步，那么客户就会觉得销售员没有人情味儿，不懂通融，进而失去购买的欲望。假如销售员能在保证利润的前提下适当做出让步，就有可能达成最终交易。

4. 给客户一些额外的收获

交易达成之后，销售员如果能送给客户一些小礼品，客户就会觉得格外惊喜。当他下次想要购物时，通常会在第一时间想到销售员，这为销售员的下一次销售奠定了基础。

5. 做一些销售之外的事情

销售员的人情味儿，不仅要体现在销售工作中，还要体现在日常生活中。客户在生活中遇到困难时，销售员也要积极伸出援手，给予适当的帮助。如此一来，当客户有购物需求时，往往就会想到销售员。

无论销售员销售的是什么产品，有一点是毋庸置疑的。那就是销售员销售的不仅是产品，还有情感价值。否则，客户凭什么相信一个素未谋面的陌生人？

如果客户购买的只是产品，那他从任何一个销售员那里都可以购买。既然会有所选择，那就一定还有产品之外的因素需要考虑，而在这些因素中，情感就是一个重要的组成部分。

哪个销售员更懂人情味儿，哪个销售员提供的选择中蕴含的情感价值更高，客户往往就会选择在哪个销售员那里购买产品。其中的道理其实很简单，产品的价格可以用金钱来衡量，但是其中蕴含的感情是无法用金钱来衡量的。

参考案例

2014年之前，很多人都没听说过三个爸爸空气净化器。它是2014年京东众筹的头筹，是业界第一个突破1000万元大关的产品众筹。虽然三个爸爸空气净化器面市时间只有短短的几年，但是它却在最短的时间内风靡市场，给许多消费者留下了深刻的印象。

三个爸爸空气净化器的单品价格是5000多元，这个价格与市场上的一线品牌相差无几，对一个几乎没有任何品牌基础和市场认可度的品牌来说，这一价格简直令人无法接受。但是，三个爸爸的发展势头迅猛。

作为一款初次上市的产品，三个爸爸空气净化器究竟凭什么能在极短的时间内迅速占领市场，赢得消费者的认可呢？从三个爸爸创始人戴赛鹰的故事中，我们可以探知一二。

戴赛鹰41岁那年，他的妻子怀孕了。这让戴赛鹰欣喜异常，一连好几个晚上都十分兴奋。

一天，戴赛鹰陪同妻子去医院做身体检查，他专门咨询了一位医生朋友，谈起了对PM2.5的担忧。医生朋友给他的建议是，尽量不要让妻子出门，即使在家安心休养，也要使用空气净化器。

戴赛鹰觉得医生朋友说得很有道理，于是决定给妻子和即将降生的孩子买一台最好的空气净化器，以便给他们提供一个健康、安全的生活环境。戴赛鹰从市场上选择了几款价格最高的空气净化器，但是买回家使用之后，却发现每款空气净化器都不能让他满意，有的是噪音太大，有的是净化效果不好。总之，市面上的空气净化器都无法满足他的需求。

面对这种情况，戴赛鹰想，能不能自己研制一台空气净化器，把它当作礼物送给孩子呢？有了这个想法之后，戴赛鹰便联系了另外两个爸爸，三个人开始为研制出一款能够安心给孩子使用的空气净化器而努力。

1. 市场调研找痛点

为了得到父母对空气净化器需求的第一手资料，戴赛鹰通过身边的朋友和几个母婴社区，总共对700多位父母进行了调查走访。他和每一个父母都展开了认真而深入的交流，在经过梳理和总结之后，他一共找到了65个比较受关注的问题。再通过细致的比较和筛选，从中挑选出12个最受关注的问题。然后，他继续整合和深化，把这12个问题简化成3个重点问题。

问题一：音量太大

经过市场调查发现，市场上的大部分空气净化器，运行音量都在15分贝以上。和音量15分贝以下的环境做比较，婴儿在睡觉时平均要多翻身3.5次。因此，三个爸爸将运行音量小于15分贝作为打造空气净化器的基础条件之一，力求为孩子创造更加舒适的睡眠环境。

问题二：安全性差

市场上50%以上的空气净化器，外壳都带有棱角，对于爱动爱闹的孩子来说，机器上的棱角是极大的安全隐患，而安全性恰恰是很多父母选择净化器的重要参考指标。鉴于此种情况，在三个爸爸空气净化器的机身上，一个棱角都不允许出现，有效提高了安全性。

问题三：前后吹风

市场上的大多数空气净化器，采用的都是前后吹风的设计，这种设计很可能让孩子被风直吹，进而导致感冒，还有携带细菌的隐患。所以，三个爸爸空气净化器摒弃了以往的吹风模式，转而采用"上吹风"的模式，减少了孩子直吹受凉或接触细菌的可能性。

2. 构建"偏执狂爸妈"团队

在营销过程中，三个爸爸汲取了小米公司的销售经验，先选择了100个梦想赞助商作为自己的铁杆"粉丝"，并将"偏执狂爸妈"当作赞助商团队的名称。之所以起这样一个名字，是因为这些父母绝对不允许自己的孩子受到任何伤害，为了保护自己的孩子，他们会做出一些在别人看来非常偏执的行为。

也许在外人看来，这个称谓不太好，但是那100个"粉丝"很受用。即便他们本身并不是所谓的偏执狂，但是能让别人从中感受到自己对孩子深深的爱，这让他们非常满足。受到这种心理的影响，他们会更乐于参与团队建设，并逐渐成为三个爸爸的忠实"粉丝"。

案例分析

研发空气净化器的过程中，戴赛鹰总结出了父母们最关注的三个重点问题，每一个问题都是父母们亟待解决的。而其之所以风靡市场，是因为三个爸爸空气净化器的出现，源自父亲对孩子深深的爱，其中蕴含的情感对客户有着巨大的冲击力和吸引力。

第四章

实用价值：比低价更重要的是高性价比

　　客户购买产品，大多是希望得到产品的实用价值。价格低，品质又好的产品，自然是客户的首选。所以，在销售的过程中，销售员不妨强调高性价比，以实用取胜。

性价比：高性能匹配高价格

> 不要过度承诺，但要超值交付。
>
> ——戴尔

　　客户购物的心理，总是追求物美价廉。如果能以最低的价格买到品质最好的产品，当然是再好不过的事情。所以说，在购物的过程中，客户总会想方设法地让销售员降价，以实现个人利益的最大化。

　　客户希望以最低的价格获得最高的实用价值，这种心理十分普遍；千方百计地让销售员降价，这种做法也可以理解。只不过，销售员销售产品，当然希望获得最大的利润，价格当然是越高越好。因此，单就价格而言的话，客户和销售员之间存在一定的矛盾和冲突。

　　某些销售员，一遇到讨价还价的客户，就感觉十分厌烦，或是不知道如何应对。实际上，在物质条件比较发达的今天，很多客户

对价格的敏感度已经不像以前那
么灵敏，在"物美价廉"的诉求
中，对"物美"的追求已经超过
了"价廉"。也就是说，只要产

品的质量有保障，即便多花一些钱，客户也愿意。

　　面对这种现实情况，销售员应该着重强调产品的性价比，让客
户意识到产品的价格是以高性能为基础的。

　　老干妈的产品价格一般在10元左右，它的目标客户群体是中低端
消费者。鉴于这些消费者对价格十分关注，老干妈便通过较高的产品
品质来提升产品的性价比，进而让客户得到比较好的消费体验。通过
这种方式，老干妈赢得了客户的认可，在市场上占据了较大的份额。
　　老干妈的产品定价相对较低，而且非常稳定，价格调整幅度
极小。与大品牌的同类产品相比，它在价格上占据优势；与小公司
的同类产品相比，它在品质上占据优势。这种极致性价比的策略，
让竞争对手在定价时陷入了两难的境地：价格太低就失去了利润空
间，价格太高又难以引起客户的关注。

　　在竞争市场上，运用高性价比是一种很好的竞争策略。因为简
单地在价格上做文章，一味地降价，只能牺牲利润，对产品价值会
有消极的影响；而以性价比取胜，则是将价格和性能完美地结合在
一起，对提升产品价值有一定的促进作用。

关于价格和性价比，有三个关键点，需要销售员注意。

1. 价格对销量的影响

产品的定价较高，销售员确实能获得较高的单品利润，但是销量可能会降低，总体利润不一定很高；产品的定价较低，销售员能够获得的单品利润有限，但是薄利多销，总体利润会十分可观。所以说，销售员应该将价格控制在一个比较合理的范围内，相对低价加上较高的性价比，才能打动客户的心。

2. 价格对客户决策的影响

现代社会，市场透明度越来越高，客户对产品价格也越发了解。面对同质化程度较高的诸多产品，客户往往将价格作为决策的依据。价格越低，对客户的吸引力就越大。越是在这种情况下，销售员越应该关注价格对客户决策的影响。只有让客户切切实实地感受到产品的物美价廉，他们才愿意做出购买决定。

3. 价格与性能成正比

一般来说，性能比较好的产品，生产成本也会比较高，销售价格自然也会随之提升。也就是说，产品的价格往往与产品的性能成正比。在销售的过程中，销售员要着重强调产品的性价比，让客户意识到"一分价钱一分货"的道理。

　　无论在什么情况下，客户对低价的追求都是不变的。既然客户的这种心理无法改变，那么销售员不妨将着力点放在性价比上。不断强调性价比，是打动客户的有效途径之一。当客户意识到产品的性能确实配得上它的价格，甚至是物超所值时，即便价格稍微高一些，客户也会因高性价比而选择购买。

找出最适合客户的那款产品

> 任何商品都有它独特而有趣的话题，不妨给你的客户讲一讲。
>
> ————原一平·

销售员每天都要和不同的客户打交道，不同的客户，对产品有不同的要求。

有些客户比较关注质量，有些客户比较关注外观，有些客户比较关注品位，有些客户比较关注产品的设计理念，等等。可以说，每个客户都是独特的个体，都是独立的存在。他们有自己的喜好和追求，对产品价值的理解也有所不同。

想一想：

为什么要为客户推荐最适合的产品？

面对任何一种客户，销售员只有为客户找到最符合他们要求的产品，才能赢得客户的心。最符合客户要求、最切合客户利益的产品，才能让客户感受到产品价值最大化以及销售员真心为他们着想的服务态度。

　　有一次，一位老先生把自己的儿子介绍给陈明利认识，并对她说："我儿子是一个成功的商人，平时看惯了大数额的钱，如果你给他设计的保单数额很小，他一定没时间，也没兴趣去看。"

　　于是，陈明利给老先生的儿子设计了一份价值100万新加坡元的储蓄保单，每年的保费大约是7.5万新加坡元。

　　老先生的儿子看到这份保险计划书时，有些惊讶地说："这是什么保险啊？怎么这么贵？"

　　"您的身份高贵，如果金额太低，怕影响您的身价。而且，您用的东西都是最好的，所以保险也该用最好的。而这份保单，就是我们公司最好的。"

　　听了陈明利的话，老先生的儿子陷入了沉思之中。

　　见此情况，陈明利说："实际上，您有这么多钱，有没有保险都无所谓。您可以把它看作储蓄，只是从银行换个户头而已。更何况，买保险能获得的收益比银行利息多很多，还能额外多一份保障，这样一举两得的事情，何乐而不为呢？"

　　老先生的儿子听了，觉得陈明利说得很有道理，于是果断地购买了这份保险。

　　满足客户的需求，是销售成功的基本要求。在日常生活和工作中，销售员应该注意留心观察、多多积累，用心为每一位客户推荐最适合他们的产品。

如果销售员把不适合的产品推荐给客户，即便客户出于某种原因当时购买了，事后感觉产品不合适的话，他们也会觉得自己上当受骗了，以后再也不会与销售员往来。这种一锤子买卖，对销售员来说有百害而无一利，与价值销售的宗旨也背道而驰。

针对每一位客户，推荐最适合的产品，这样的话，每次销售都会获得成功。销售员要真心实意向客户推荐产品，因为只有切身为客户着想，才能赢得客户的信任，进而取得良好的销售业绩。也只有这样，销售员才能与客户建立长期的融洽关系，拥有更多的忠实客户。

鼓励亲身体验，让客户自己说出产品的好

> 在我多年的推销生涯中，感到赢得客户的芳心是推销的关键所在。
>
> ——汤姆·霍普金斯·

在传统的销售模式中，客户往往对品牌的关注度更高，先选择大品牌，再决定是否购买，而对自身的体验感受要求并不是很高。但是，随着人们对生活品质要求的提高，客户对产品体验也有了更高的要求。为了满足客户的这一需求，销售员在推销产品的时候，应该积极鼓励客户亲身体验产品，切身感受产品的优势所在。

看看市场上出现的那些爆款产品，无一不重视产品体验。无论是苹果还是谷歌，都对产品品质和客户的切身体验无比重视。我们都知道只有好的产品才能被客户认可，而较好的产品体验，正是好产品的重要组成部分。从某种程度上说，产品体验的优劣，甚至对市场前景的好坏以及销售业绩的高低有直接影响。

然而，有些销售员虽然深知客户亲身体验的重要性，但是在推销的过程中，却总是忽视客户的感受，只顾按照自己的方式去介绍产品，既没有想办法让客户更多地参与到销售中，也没有思考客户对自己的推销是否满意。或者可以说，这种推销方式，只是销售员的个人表演，完全吸引不了客户的关注度。

想让客户更多地参与进来，继而产生更好的亲身体验，一般可以从以下三个方面入手。

1. 鼓励客户亲身体验

鼓励客户亲身体验产品，客户才能对产品产生比较真实的使用体验，才能对产品留下比较深刻的印象。这种真实的感受，往往会对客户的感官产生更大的刺激，促使客户对产品产生更多的亲切感和认同感。因此，销售员应该努力为客户创造亲身体验产品的机会，并在体验的过程中对客户进行适当的引导，以便更好地满足客户的需求。

2. 让客户参与问答活动

在很多销售活动中，销售员都喜欢通过有奖问答的方式来吸引客户。这种方式可以有效提升客户的关注度和参与度，让客户在互动中增加对产品的了解。当客户被产品的某种价值吸引时，他

> **想一想：**
> 　　应该怎样提升客户的参与度？

们往往会做出购买决定。

3. 对产品有更多了解和信任

客户亲身体验产品的过程中，与产品有了更加亲密的接触，对产品的性能、质量、材质等有了更多的了解，随之而来的，便是客户对产品的疑问。为了让客户得到满意的答复，销售员必须对产品有更多的了解和信任，相信产品能够满足客户的需求，能为客户带来相应的价值，这样才能让客户觉得产品确实值得信赖。

随着互联网技术的高速发展，客户对同类、同质产品的相关信息的了解越来越多，对产品体验的要求也逐渐提高。在这种市场环境下，我们不难发现，为了赢得客户，占领市场，几乎所有的销售员都在极力鼓励客户亲身体验产品。可以说，只有给予客户足够优质的产品体验，客户才会接受产品、爱上产品，并主动购买产品。

客户越来越追求亲身体验的价值，销售员也要跟上时代潮流，尽全力满足客户的这种需求，以期吸引客户，获得继续沟通乃至达成交易的机会。

细致介绍产品益处，轻轻松松打动人心

> 只有当你清楚地摆出产品的益处时，潜在客户才会掏出钱来。
>
> —— 金克拉

客户在决定购买产品之前，往往希望对产品有一个相对全面的了解，销售员越是细致地介绍产品的益处，客户越有可能对产品产生兴趣，并对销售员产生好感。

客户在购买产品之前，难免会有一些顾虑，或是担心产品存在质量问题，或是担心产品无法满足自己的需求，有此种顾虑，也是正常现象，毕竟每个人都希望买到物美价廉的产品。

对于销售员来说，应该理解客户产生顾虑的原因，但也要知道，客户的顾虑或怀疑，会对他们做出购买决定产生很大的影响。销售员只有尽可能全面地向客户介绍产品的特点，让他们对产品有充分而真实的了解，才能促使他们做出购买的决定。

　　试想一下，如果销售员推销的产品缺乏用途、价值、服务等方面的益处，客户凭什么购买呢？只有让客户看到产品给他们带来的益处，他们才会购买。想要做到细致地描述产品，推销人员需要详细了解产品的信息，包括性能、材质、产地、厂家等都应牢固掌握。

　　许多销售员也许都有这样的经历：自己辛辛苦苦地将产品特征介绍给客户，客户听完之后，却反问一句："你说的这些跟我有什么关系？我买了它对我有什么用？"之所以出现这种情况，是

> **想一想：**
>
> 　　介绍产品益处时，应该注意些什么？

因为销售员没能把握产品的益处，没有找到客户关注的重点。仅仅介绍产品的特点，而不说明这些特点能为客户带来什么益处，客户往往是不会买账的。

　　介绍产品的时候，销售员应该让客户真切地看到产品能够满足他们的哪些需求，并尽可能详细地介绍产品，以便从多方面消除他们的顾虑和怀疑，从而让他们下定决心购买。

　　比如，当销售员向客户推销电饭锅时，可以这样说：

　　"这款电饭锅是刚刚上市的新品，很适合家庭使用。您看，它的外观采用了最先进的材质，美观大方；它能用来蒸饭、熬粥、煮汤、炖肉等，功能齐备，一锅多用；它有三种不同的容量配置，您可以根据用餐者的数量随意调配；它的质量很有保证，并且配备了两个内胆，您可以根据不同的需要替换使用；它具有预约功能，使

用这个功能，您一回家就能品尝到香喷喷的米饭；另外，这款电饭锅设计了拥有专利权的独立按钮，操作起来非常简单。"

面对一个充满疑惑的客户，销售员最好的选择就是全面地向客户介绍产品的益处，从而让客户对产品有更好的了解。当然，有一点需要强调的是，介绍产品的相关益处时，必须从客户的实际需求出发。假如销售员介绍的益处与客户的需求不符，即便产品的益处再大、再多，也无法赢得客户的关注和认同，客户自然也不会购买。

对于客户来说，只有销售员说明产品确实能为他们带来某些价值，他们才会被说服。因此，销售员越是全面地描述自己的产品，客户越会对产品产生正确的认识。

面面俱到地介绍产品确实是一个赢得客户信任的好方法。这个技巧看起来虽然非常普通。但是，它要求销售员对产品有充分的了解。当客户提出某方面的质疑时，销售员要能及时给出解答，让客户感受到销售员的专业性和责任心。一旦客户对销售员产生认可和信任，那么后续的沟通就会变得十分简单，交易也会在相对轻松的氛围中达成。

满足客户深层次的安全需求

> 如果你行事正确，提供真正的价值，有六成的客户会欣然增加交易量。
>
> ——杰·亚伯拉罕

在产品匮乏、经济条件不好的时代，客户购买产品主要是为了满足最基本的生理需求。但是随着时代的发展，客户对产品的要求和期望比以前更高。

在马斯洛的需求层次理论中，人类的需求层次从低到高分别是：生理需求、安全需求、社交需求、尊重需求和自我实现需求。最基本的生理需求得到满足之后，人们便对安全需求有了更多关注。

在如今的市场上，产品更新换代的速度逐渐加快。与之对应的是，市场上的产品越来越鱼龙混杂，产品质量越来越参差不齐，甚至假冒伪劣产品也层出不穷。鉴于这种现实情况，人们对产品的安全性能有了越来越高的要求。销售员要想提升自己的销售业绩，一定要懂得宣传产品的安全性，以努力满足客户的安全需求。

1. 心理安全

要想给予客户心理方面的安全感，销售员就必须加强业务能力方面的学习，而不能以轻率的态度去对待自己的客户。专业性是品质的保证，只有对产品知识和行业状况有深刻的了解，才能让客户觉得自己找对了人，买对了东西。

2. 经济安全

销售员如果能为客户节约每一分钱，就能减少销售阻力，让客户体验到经济方面的安全感。帮客户用最少的钱获得最大的收益，虽然开始时赚钱会少一些，但是在长期的合作中，客户会对销售员产生越来越多的信任。有了信任，双方的关系会变得越来越紧密，彼此之间的合作会越来越顺畅，对双方而言，这是一个双赢的结果。

3. 人身安全

在使用某些产品的过程中，可能会存在一定的风险，销售员一定要把这种风险提前告知客户，以切实保证客户的人身安

> **想一想：**
> 客户对安全感的需求包括哪些方面？

全。如果销售员因担心客户知道风险之后不愿购买，便故意隐瞒，这样的做法是非常愚蠢的。只有满足客户对安全的需要，让客户在相对安全的心理状态下购物，才能让客户享受购物的乐趣。

　　无论销售员的销售技巧有多复杂、多高明，最终的目标都只有一个，那就是让客户掏钱购买产品。对于客户来说，花钱买产品，自然希望能买到安全性能高一些的。能给予客户安全感的产品，才能让客户消除种种顾虑。

　　作为销售员，有一点需要明确，那就是安全感会影响客户的判断和决策，只有让他们内心深处的安全需求得到满足，才能抓住客户的心，让他们心甘情愿地购买产品。

参考案例

提起海底捞，相信很多人都会竖起大拇指。为什么？因为这里的极致服务，带给了食客愿意接受的性价比。有消费者这样说："在海底捞等座位时，会享受到各式各样的服务，服务员们的态度也十分亲切。这里的服务简直令人惊叹。"

正是由于优质的服务，海底捞赢得了大量的回头客。很多食客为了享受这里的服务，宁愿排长队等候。对于很多食客来说，在海底捞不仅能够享受美食，还能得到心理上的满足。

海底捞始终秉承"服务至上、顾客至上"的理念，致力于为顾客提供"贴心、温心、舒心"的服务。在实际经营过程中，海底捞的许多做法确实也体现出他们对用户体验的重视。

1. 排队等候

在许多行情火爆的餐厅中，排队等候的情况并不鲜见，但是能像海底捞一样提供极佳用户体验的餐厅，却是凤毛麟角。在海底捞的就餐区外，有一个巨大等候区。排队等候的过程中，食客们可以免费享用几种饮料和瓜果；食客如果想上网，等候区里有几台电脑可供使用；如果食客是带着孩子来的，他们可以将孩子托付给海底捞的工作人员，或是让孩子在儿童专区里尽情玩耍；海底捞的工作人员会免费为顾客的手机进行消毒，女性食客甚至可以做美甲……

2. 入座就餐

食客就餐的时候，海底捞提供的极致服务更是超乎想象。食客坐到餐桌前时，服务员会主动递上围裙；食客如果把手机放在桌上，服务员会用塑料薄膜将手机套起来；食客如果戴着眼镜，服务员会及时递上一块眼镜布；无须食客要求，服务员就会将免费水果端到食客面前；不用食客说话，服务员就会及时为食客续杯；如果菜点得太多，服务员会小声提醒可以少点一些，不够吃可以再点，而且所有的菜品都可以点半份；如果食客恰好当天生日，服务员不仅会送上免费的果盘，还会几个人一起为食客唱生日快乐歌……

3. 进餐结束

在海底捞，食客用餐结束并不代表着极致服务也结束。食客结账离开时，工作人员会为食客递上免费停车的单据，有时还会送上爆米花之类的小礼物；食客走到电梯口时，站在旁边的工作人员会按住电梯按钮，礼貌地请食客进入电梯……

有些人或许觉得，海底捞的价格太高，味道也很普通。但是既然有人愿意排队等上一两个小时，也要亲自体验一番，就说明它确实有独到之处。海底捞的一系列极致服务，正是让食客产生满足感的原因所在。

[案例分析]

中国的火锅店数量庞大，味道出众的为数不少，食客们之所以对海底捞情有独钟，大部分的原因就在于想要亲身感受一下极致的服务体验。虽然价格略贵，但极致的服务使得其有了一定的性价比。毫不夸张地说，海底捞能取得如今这样的成就，与其坚持的极致服务体验有着密不可分的关系。

第五章

时间价值：时间成本降低，无形中提升产品价值

如今这个社会，时间成了越来越珍贵的资源。客户的时间总是无比宝贵的，谁能为客户降低时间成本，谁就有可能成为客户信任的合作伙伴。

珍惜自己的时间，更要珍惜客户的时间

> 通常，推销员在成交的最后一刻功亏一篑，往往是他没有重视客户的时间。
>
> ——乔·吉拉德

对于销售员来说，时间就是金钱，因为每一分每一秒，都有达成交易的可能。对于客户来说，时间同样宝贵，因为每一分每一秒，都有创造更多价值的可能。因此，销售员不仅要珍惜自己的时间，更要珍惜客户的时间。

但是，让人稍感遗憾的是，一些销售员往往只重视自己的时间而轻视客户的时间。比如，向客户推销产品时，东拉西扯、啰里啰唆地说一些与产品无关的东西，本来三分钟就能说明白的事情，却说了十分钟都没讲到正题。

想一想：

应该如何做到珍惜客户和自己的时间？

许多人，尤其是一些成功

人士，往往都很珍惜自己的时间。他们的时间都安排得很满，行程都很紧凑。哪怕只是耽误一分钟，也会损失数额巨大的钱财。所以他们对那种不知道珍惜时间的销售员，往往是不愿与其交谈和做生意的。

作为一名销售员，要想实现交易的目标，达成自己的目的，就必须尊重和理解客户的时间观念。时刻站在客户的角度，为客户节约时间，节省客户的时间成本。在实际操作中，有三个重点需要销售员好好把握。

1. 提前预约

销售员要想与客户进行面对面的交谈，提前预约是一个非常重要的关键点。提前和客户约好时间，不仅能让自己充分利用时间，也能给客户留出足够的时间，去考虑是否应该购买产品。

2. 按时赴约

作为一名销售员，守时是一种基本素质。和客户预约之后，销售员应该按时赴约，迟到或者爽约，都意味着销售员在浪费客户的时间。要知道，客户没有那么多时间去等待，自己把握不住第一次机会，客户就不会给第二次机会。

3. 控制交谈时间

与客户面谈的时候，一定要控制交谈的时间。简明扼要地介绍完自己和此行的目的之后，就要将话题转移到产品上。尽可能在短时间内完成推销的工作，才算做到节约客户的时间。过多地占用客户的时间，往往会让客户觉得难以接受。

　　无论是销售员还是客户，时间都是万分宝贵的。销售员如果只顾自己，而不顾客户，那就没有做到将客户放在中心的位置上，没有做到为客户考虑。对于客户来说，销售员的这种做法是令人无法接受的。一旦客户对销售员产生了不好的印象，那么交易注定是无法达成的。

严守时间，就拿得下订单

> 昨晚多几分钟准备，今天少几小时的麻烦。
>
> ——原一平

有一句德国谚语是这样说的："准时就是帝王的礼貌。"可见准时对一个人究竟有多重要。尤其对于销售员来说，严守时间是最基本的准则。毕竟没有任何一个客户会对不守时的销售员产生好感。

守时是一名销售员最起码的工作准则，也是销售员的一种美德，它是帮助销售员建立个人信誉的重要步骤。能严守时间的销售员，往往对约定非常重视，对时间十分珍视，对将要做的事情充满了期待，对客户也充满了敬畏之情。所以，销售员要想赢得客户的信任，就必须做到守时。

一个守时的销售员，一般不会食言或违约，他们会把工作和生活安排得井井有条，最大程

想一想：

应该怎样做一个守时的销售员？

度地节约每一分钟。客户的时间万分宝贵，销售员能为客户节约时间，客户就会对销售员产生好感和信任，有了这样的基础，沟通才能继续下去，客户才愿意放心地与销售员签订合同。

对于销售员来说，守时是一种良好的习惯。这样做不仅能节省客户的时间，也能节省自己的时间。在实际操作中，可以参考以下五点进行。

（1）准备一本专用的日历表或效率手册，在上面标明与客户预约的情况，以及对客户做出的承诺。

（2）用彩笔注明具体的时间（哪月、哪天、几时几分），并做好备忘录。

（3）每天翻阅这本日历表或效率手册，在约定时间的前一天，再次与客户联系并确认时间。

（4）在准备赴约与客户会面之前，提前做好准备工作，尽量做到有备无患。

（5）如果有新的工作计划或客户预约，一定不能与既定安排产生冲突。

对于销售员来说，守时是一种礼貌和信用，它体现了销售员的教养和基本素质。所以，与客户确认约定之后，一定要严守时间。要知道，迟到就意味着不尊重客户，通常会给客户留下很糟糕的印象。一旦如此，销售员就会失去自己的信誉，更会失去可能得到的订单。毕竟，没有哪个客户愿意相信连时间都无法保证的销售员。

既然已经和客户达成共识，约定了时间，销售员就要想方设法按时甚至提前抵达约定地点，这才是遵守承诺的表现。为了做到这一点，销售员要将路上可能遇到的意外情况都考虑进去，给自己留出充足的时间。如果真的出现不可抗拒的事情，销售员要在第一时间与客户联系，向客户表示歉意，取得客户的谅解，并争取约定下次会面的时间。只有这样做，客户才能感受到销售员对时间的珍视，才会对销售员表示尊重和认可。

选对谈判时间，交易就成功了一半

　　毫无疑问，你可以说出一些重要的细节，但在恰当的时机该成交就成交，切不可再说一些客户不感兴趣的、毫无必要的，甚至会引起混淆的东西。

　　　　　　　　　　　　　　　　　　　　——乔·吉拉德

　　任何一场交易往来，总会牵扯金钱、精力、时间等各种各样的因素。这诸多因素叠加在一起，给这场交易的达成制造了一定的困难。要想实现交易，销售员和客户难免要进行一轮又一轮的谈判，直至谈成让双方都能满意的条件。

　　谈判的过程费时费力，如果最终无法达成一致，那就等于是在浪费宝贵的时间。对于客户来说，宝贵的时间容不得半点儿浪费。所以说，销售员一定要想方设法地缩短谈判过程，节约谈判时间，以便降低时间成本，彰显产品中蕴含的时间价值。

　　所谓"时间就是金钱"，销售员节约客户的时间，就是节约自己的时间，其实也就等于为自己积累财富。在谈判的过程中，销售员需要巧妙地选择时间，只有准确规避一些不适合谈判的时间，才能提升谈判效率，促使交易顺利达成。下面是六个需要销售员注意规避的时间段。

1. 身心低潮期

人不是机器，不可能随时保持充沛的精力。在客户处于身心低潮期时，如夏天吃完午饭、长途旅行之后等，最好不要与客户进行谈判。因为此时他们的身心状态并非最佳，谈判效率较低，大部分的谈判时间都会被浪费。

2. 休息日后的第一个早上

刚刚结束休息日或假期，客户在心理上往往还没有恢复到工作状态，此时进行谈判，客户往往无法集中全部精力，对谈判的认知难免出现偏差，谈判效率自然不高。

3. 身体不适时

客户身体不适，如生病时，他们的身体机能往往不在最佳状态，思考、应对能力相对较弱。此时进行谈判，客户很难控制自己的身体和思维，谈判中很可能出现失误、错判等。

想一想：

如何选择正确的谈判时间？

4. 一天中最疲劳的时候

16：00～18：00，往往是人一天中最疲劳的时候。此时，客户往往容易焦躁不安。如果进行谈判，客户容易情绪波动，谈判效率也会大大降低。

5. 连续紧张工作后

连续紧张工作之后，客户的身心都处于极度疲劳的状态。此时进行谈判，客户的思绪会比较混乱，对谈判的进度和效果都会产生负面影响。

6. 迫在眉睫的时候

有的时候，销售员为了完成销售任务，便在考核截止日前紧急与客户进行谈判。在这种紧迫和高压的状态下，客户的精神往往会变得紧张，如果销售员不断催促，客户或许会认为产品有问题，因此而停止谈判，令交易迅速失败。

与客户谈判是一个斗智斗勇的过程，销售员不仅要把握客户的心理，还要把控谈判的整个过程。只有在恰当的时间与客户谈判，才能有效提升效率，促使交易尽快达成。

一秒千金，及时回复客户疑问

> 我成功的秘诀相当简单，为了达到目的，我可以比别人多努力一倍、艰苦一倍，而多数人不愿意这样做。
>
> ——乔·甘道夫

　　客户的时间，哪怕一分一秒都是珍贵的。哪怕一分钟的时间，客户也许就会改变自己的主意。也许只是因为无法及时得到答复，客户就会对销售员产生不好的印象。销售过程中，各种情况都可能会出现，销售员要想提升产品的时间价值，及时回复客户的疑问就是一个有效的方法。

　　如今的社会，人们的生活节奏和消费节奏都有所提高。客户的时间越发宝贵，选择越发增多，所以他们很难对同一个销售员保持足够的耐心。毕竟市场上同类产品那么多，想要卖出产品

> **想一想：**
> 　　怎样才能及时回复客户的疑问？

的销售员也那么多，客户何必非要选择你呢？一旦销售员无法及时回复，客户很可能另找下家。从这个角度上说，销售员越快给予回复，留下客户的可能性就越大。毕竟回复速度也是销售员工作效率的一种重要表现。效率越高，就越能节约时间。

决定购买产品之前，客户一定会围绕产品提出各种问题，只有销售员及时且耐心地解答这些问题，客户心里的疑虑才会消失，才能安安心心地做出购买的决定。

有些销售员，最害怕的就是客户对产品提出质疑。一旦客户开始提问，他们就会变得手足无措、语无伦次。之所以出现这种情况，大多是因为销售员自身的能力不够，对产品的了解不够充分。要想做到及时为客户答疑解惑，销售员就要苦练基本功，多掌握各种知识。具体而言，销售员可以从以下三个方面开始努力。

1. 熟知产品专业知识

这里所说的产品，并不单指销售员销售的产品，也包括竞争对手的产品。只有经常进行比较，销售员才能发现每种产品的不同之处。在为客户解答疑惑的时候，才能有理有据地进行比较，从而突出产品的优势，以最高效的手段抓住客户的心。

2. 掌握本行业的专业知识

借助产品专业知识为客户答疑解惑，会让客户有所信服，但是并不能让客户觉得销售员具有权威性。如果能站在行业的角度上回复客户，客户就会把销售员看作专家，销售员说的话就会更有说服力，就能在最短的时间内解决客户提出的问题。

3. 学习各行各业的知识

销售产品的过程中，有的客户也许会提出一些涉及其他行业的问题，如果销售员回答不出来，客户往往会觉得销售员没有做足功课，再谈下去就是浪费时间。因此，销售员要积极拓宽自己的知识面，努力学习相关行业的知识。

对于销售员来说，每为客户节约一秒钟时间，就意味着向交易成功又迈进了一步。努力在最短的时间内回复客户，并给出令客户满意的答案，客户往往会对销售员产生更多的好感和满意度。

该告辞时，绝不磨蹭

> 人们才不在乎你懂多少，他们只在乎你对他们的关心有多少。
>
> ——金克拉

在销售活动中，许多销售员都会有一个疑惑：什么时候起身告辞才合适？

这个问题让很多销售员都感到头疼。有的销售员觉得，做完介绍产品的工作之后，马上就可以起身离开；有的销售员认为，最好等客户下"逐客令"了再走；还有的销售员认为，要与客户签订了合同之后才能走……

想一想：

你是一个果断跟客户告别的销售员吗？

实际上，作为一名优秀的销售员，应该懂得审时度势，根据环境和交谈情况的变化，随机应变地确定告辞的时机。当时机来临的时候，主动起身，向客户表达告辞之意，往往比被客户"赶走"更让客户欣赏。在应该告辞的时候，要当机立断地起身告辞，这样销售员就会给客户留下果断、坚毅的印象。而且，销售员可以将沟通主动权掌握在自己手里，在告别的时候，可以主动提出再次约见的请求，为下一次会面创造机会。而如果销售员迟迟不愿告辞，非要等客户主动送客，那么销售员不仅不明智，还会失去宝贵的主动权。

辞别客户时，最重要的技巧是迅速、流畅，而磨磨蹭蹭的行事方式不仅浪费彼此的时间，还会让客户产生厌烦的心理。按照心理学的说法，第一印象和告别时的印象，都会给人留下深刻的记忆。因此，即便在辞别客户时只是磨蹭了一分钟，客户也会觉得销售员是个拖拖拉拉的人，跟这样的人合作，工作效率注定不高。由此带来的后果就是，客户不愿再次与销售员见面，更不愿与销售员做生意。

下面是几种比较常见的磨蹭表现及改善方式，销售员应该多加注意。

序号	磨蹭表现	改善方式
1	临出门之前想要借用客户家的洗手间	迅速告别，去别的地方上洗手间
2	走时没有拿齐东西，几分钟后又回来寻找	告辞前将所有物品收拾齐全
3	站在客户家门口，还要与客户聊上一阵子	及时告别离开，即便有事也要下次再聊
4	对某些不重要的事，非要做补充说明	无关大局的事情，可以下次再谈

销售员告辞的方式，会对自己的整体形象产生一定的影响。如果给客户留下了磨蹭的印象，那对下一次的会面就会产生负面影响，甚至连下一次会面的机会都得不到。所以说，在需要告别的时候，销售员一定要果断起身，告辞离开，绝不能拖泥带水，浪费客户的时间。

干净利索地拜别客户，会让客户觉得销售员是一个干脆、直率的人。并认为与这样的人做生意，沟通快捷，效率较高，能够节省大量时间，获得较高的时间价值，因此客户自然是乐于与其长期合作的。

参考案例

"楼下100"是一个下午茶外卖O2O平台，主要为那些没时间去实体店消费的人提供咖啡、甜品、轻食等下午茶的一站式订购及配送服务。

"楼下100"为这一小众群体提供下午茶上门服务，既满足了消费者的需求，又节约了消费者的时间。为了给消费者带来更加优质的消费体验，提升消费者的满意度，"楼下100"特意推出了极速送达服务，保证上海中环以内的消费者在下单1小时之内就能享用到自己订购的美食。

"楼下100"的创始人是季晓杨，他之所以做这样一个平台，是因为切身感受到下午茶对自己的诱惑力。上班感到疲累的时候，季晓杨很想吃下午茶解乏提神，但是时间不够加上不想下楼，于是点外卖成为最容易想到的解决方案。然而，大多数的店铺并不提供送货上门服务，这让季晓杨吃下午茶这一小小的需求难以得到满足。

鉴于这种现状，季晓杨萌生了做下午茶电商的念头。于是，他开始进行市场调研，结果发现，消费者想吃下午茶，通常有两个原因：一是肚子饿了，想吃点儿东西填饱肚子；二是有事情商谈，需要咖啡之类的东西来填补时间空隙。

尽管"楼下100"无法满足消费者对环境的要求，但是能为消费者节约宝贵的时间，尤其是在商务活动中，每一分钟都可能创造巨额的价值，对于他们来说，时间才是最宝贵的东西。

"楼下100"就是用这种方式来满足某些用户的需求：当他们想要吃下午茶却又没有时间到实体店消费的时候，自然而然就会想到"楼下100"。虽然这些消费者只是很小的一个群体，但是他们几乎每天都会有这方面的需求，所以"楼下100"并不缺少订单。

"楼下100"从不销售炸鸡、盖饭等快餐，而是始终将下午茶作为重点产品。消费者只要通过电脑或手机APP下单，足不出户就能品尝到新鲜的美食。"楼下100"销售的只是几款精美小巧的点心、几类香味弥漫的咖啡，再加上一些生鲜水果、坚果和进口食品等，虽然品类不多，但是足以满足很多消费者对下午茶的需求。

案例分析

"楼下100"的成功，源于创始人季晓杨对消费者需求的深入探究，当消费者想要享受美好的下午茶时光，却又没有足够的时间时，"楼下100"帮助他们将期待化为现实，并且节约了时间。虽然这只是一个小众市场，但是这个群体的需求是高频的，这种高频需求创造出了一个全新的市场。

第六章

品位价值：客户的高品位，
需要高价值产品来映衬

一件产品不仅能给客户带来实用价值，也能彰显客户的品位。而且随着客户个性的增强和自由度的增加，他们对产品中蕴含的品位价值有了越来越高的要求。

新颖、稀缺的产品，不是谁都能有

> 我提醒你一定要时刻记着告诉你的客户，他或她做出了了不起的购买决定。
>
> ——乔·吉拉德·

随着社会多元化的发展，人们对外界事物的接受能力越来越高，能够拥有的选择也越来越多。因此在个性诉求和品位追求方面，也有了越来越高的要求。

于是，市场上很多新颖、奇特的产品如雨后春笋般出现，在吸引广大民众目光的同时，也为厂商赢得了广泛的市场和高额的利润。

想一想：

你会如何介绍产品的稀缺性？

在如今这个追求个性的时代，客户购买产品的目的，正逐渐从追求实用性转向彰显个性、体现个人品位。奢侈品、限量品及定制、稀缺产品，已经成为许多人表达自我、展现个性的外化表现。因此，产品的品位价值，正受到越来越多人的关注。

在现代竞争中，全新的工艺、先进的技术及创新的想法，是获得胜利的至尊法宝。随着生活水平的提高，以及接触事物的增多和眼界的开阔，客户的消费水平和欣赏水平在不断提高，对新奇产品的渴望也越来越强烈。

抓住客户的这一心理，销售员可以在产品的新颖度、稀缺性上做文章。对于一些稀缺的产品，即便价格高一些，客户也愿意花钱购买。这并不是说客户不追求物美价廉，而是客户对品位的追求越来越重视。即便是家里常用的一个灯具，客户也越来越挑剔，因为他们不仅仅把灯具当作照明工具，还把灯具看作一件美丽的饰品。

2006年以前，中山宝路达灯饰电器厂主要把产品销往国外市场。从2006年开始，他们以普雷威特这一品牌开始向国内市场进军。短短的两年时间里，全国就开设了70多家普雷威特专卖店。

宝路达灯饰营销总监俞利民介绍说，普雷威特之所以能够迅速占领市场，就是因为把握住了客户的心理需求，能够通过不断创新来满足客户的品位需求。普雷威特在产品研发方面投入巨大，聘请了十多位专业设计师专门进行新品的研发，每个季度都能推出100多款新颖、时尚、节能、环保的产品。

正是靠着不断推向市场的新颖产品，普雷威特迅速赢得了客户的认可。

对于灯饰这种常见的家庭用品，客户尚且追求新颖和潮流，就更不要说其他高价的商品了。越是高价的产品，越应该有其品位价值，越应该匹配客户的身份。这一点已经成为许多客户追求高价产品的主要原因。只要能够展现自己的品位，凸显自己的个性，即便价格高一些，客户也愿意花钱购买。这就是产品品位价值的体现。

每一件产品都有其品位价值，只是这种价值有高有低。较高的品位价值，能够彰显客户较高的品位和身份；较低的品位价值，则无法给客户足够的触动，难以引起客户的关注。销售产品的过程中，向客户展现产品的高品位，往往可以吸引客户的眼球，让客户为品位价值买单。

购买新产品，走在时尚前沿

> 销售就是不断地去找更多的人，以及销售给你找的人。
>
> ——汤姆·霍普金斯·

客户的欲望，是没有终点的。尤其是对新事物、新产品，往往有着执着的追求。"喜新厌旧"所反映的人的心理活动，是确确实实存在的。

面对新上市的产品，很多人往往难以克制购买的冲动。尤其是对年轻人来说，新的产品就代表着新的功能、新的生活方式。也许产品的功能还不太完善，但是新的就是好的，就能超越旧的。他们觉得，只有拥有新产品，才能站在时尚的前沿，才能彰显自己与众不同的生活品位。

正是在追求新潮、时尚的心理的影响下，很多人才在购买新品的道路上一去不返。而在他们

> **想一想：**
>
> 为什么产品的创新性如此重要？

的引领和推动下，很多新品迅速抢占市场，形成一种消费时尚。所以说，销售员在推销产品的时候，完全可以主动强调产品的创新之处，以"新"制胜，赢得客户的关注和认可。

现代人十分注重自己的个性表达，往往喜欢求新、求异。要想抓住客户的眼球，就要从创新、新颖、前卫上下功夫。从产品的创新设计、新颖造型、前卫包装等方面着手，满足客户的这种求新需求，并由此体现客户独特的品位。

2016年9月，抖音正式上线。短短的一年多时间，它就成为最受年轻人欢迎的手机APP之一。

究其原因，主要在于它创造了一种新潮的记录生活的方式。只需要15秒钟，使用者就可以拍出一个属于自己的作品。

抖音以"记录美好生活"这一宣传语，迅速走进大家的生活，其新颖的记录方式，吸引了无数追求潮流的眼球。对于很多潮人来说，在抖音上发布视频是一种展现自我的生活方式。

客户对新鲜事物和产品的需求，使得厂家必须在产品创新上进行更多尝试，在新颖度上有更高的追求。只有做到人无我有、人有我异，才能在市场上占据一席之地。

产品创新，是企业占领市场的必经之路；宣传新意，是销售员卖出产品的必然选择。以新意吸引客户，给客户满满的新鲜感，才能触及客户的敏感神经，激发客户的购买欲望。当客户深切地感受到产品的新意能让自己走在时尚的前沿，成为时代的"弄潮儿"时，他们对品位的渴望就会更深切，为了拥有产品的品位价值，即便价格高一些，他们也会满心欢喜地购买。

给客户一个展示权威的机会

> 　　我总是站在顾客的角度看待即将推出的产品或服务，因为我就是顾客。
>
> 　　　　　　　　　　　　　　　　　　　　——查尔斯·施瓦布·

　　这世界上的每一个人，都有他存在的价值和意义，每个人都拥有别人所没有的潜力和本领。销售员将要面对的每一个客户，当然也不例外。

　　有的时候，客户并不知道自己拥有多大的能力。如果销售员可以成功激发他们的潜能，让他们得到展示能力和权威的机会，那么客户就会对销售员充满感激和好感。毕竟每个人都想拥有更大的能力，都想向别人证明自己。

　　很多时候，客户并不知道甚至不相信自己有足够的能力。但是，这并不意味着他们缺乏争强好胜的心。销售员只要能够激发客户的竞争和好胜心理，让他们努力展示自己的权威和能力，就能最大限度地实现自己的利益诉求。通常来说，销售员可以从以下几个方面进行把控。

1. 有效利用客户的展示欲

假如客户是一个很有权利欲望的人，那么他会很乐于向销售员展示自己的权利，并对增加自己的权利、证明自己的权利范围及扩大自己权利领域的事情总是充满热情。只要销售员提出的要求与客户的需求相符，客户通常就会同意。

2. 善用激将法激发客户的斗志

一般来说，客户对自己的权威都有比较强烈的自信心，一旦有人对他们表示质疑，他们就会想方设法地去证明自己。假如

想一想：
怎样给客户创造展示权威的机会？

销售员能巧妙地激发出客户的斗志，那么往往可以达到事半功倍的效果。

3. 妙用客户好面子的心理

大多数情况下，客户都很重视自己的面子，有些客户甚至宁可吃亏也不愿丢面子。如果销售员能够用好客户这种好面子的心理，那么客户的购买欲望就会被激发，销售员拿下订单就不再是难事。

通常来说，能有机会展示权威的客户，往往意味着有比较高的地位。对于客户而言，权威其实意味着一种很高的品位，展现权威则是一种巨大的荣誉。给客户展示权威的机会，让客户体会到产品给他带来的品位价值，客户往往会被产品中蕴含的价值打动，愿意为高品位的享受付出高昂的价格。

利用从众心理，强调众人共有的价值观

> 客户要的不是产品本身，而是购买产品能给他们带来的结果。
>
> ——金克拉

相信很多人都听说过这样一个故事：

人潮涌动的街头，突然有一个人停住了脚步，抬头仰望天空。身边的人见此情况，便像那人一样也抬起头来，想看看天空中究竟有什么吸引人的东西。很快，那人身边就站满了仰头望天的人。但是无论大家如何仔细地观望，都没有发现天空中有什么吸引人的东西。

当那人低下头时，反倒被吓了一跳。他默默地走出人群，那些仰望天空的人也只好默默地走开了。后来，人们才知道，那人只不过是脖子酸痛，为了缓解酸痛，才抬起头来，而不是看天上的东西。

在日常生活中，类似的"随大流"现象十分普遍：哪家餐厅的人多，食客们就愿意到哪家餐厅吃饭，即便排队等候，也心甘情愿；哪家服装店的衣服新潮，顾客们就愿意到哪家服装店消费，即便价格昂贵，也乐此不疲；等等。

> **想一想：**
>
> 你会如何利用客户的从众心理？

有些人对这些现象十分不解，实际上这些都是从众心理的表现。只不过，很多人是在不知不觉间，不由自主地受到它的影响，所以没有从自己身上去发现问题。

在销售活动中，很多客户也会受到从众心理的影响，销售员可以好好利用这一心理，通过强调自己的产品是大多数人的共同选择，来达到引导客户购物的目的。一旦客户愿意跟随众人的脚步，那么推销工作就会变得顺利很多，销售员的心态将会更加轻松，回报更加丰厚。

一位女士走进一家服装店，对销售员说想要购买一套晚礼服，但是她又不知道如何挑选，于是让销售员推荐一下。

销售员询问了这位女士对颜色、款式及穿着场合的要求之后，发现她和之前几位女士的要求几乎一样，于是猜测她们来自同一家公司。

"您是××公司的员工吗？"销售员问这位女士。

"是啊，你怎么知道的？"女士非常惊讶地问。

　　"之前贵公司的几位同事已经到这里购买了晚礼服，你们的要求和说法几乎都一样，所以我就大胆猜测了一下。"

　　"你还真猜对了。她们都是在你这里买的吗？"

　　"是啊，我可以给您介绍一款样式不同但是价位差不多的。"

　　"好的，那我也买一套。"

　　很多时候，客户对产品的认知并不充分，也不清楚自己究竟应该如何比较和选择产品，在这种情况下，运用从众心理来暗示客户，往往会收到比较好的效果。

　　很多客户认为，大家都买的东西一定是好东西，所以看到销售火爆的产品，往往会蜂拥而上，想要抢购一件，这不仅是因为产品本身物有所值，还在于人们受到了从众心理的影响。即便他们不了解产品是否对自己有价值，也会在从众心理的影响下做出购买决定。

大牌产品，象征形象、身份、地位

> 营销是没有专家的，唯一的专家是消费者。你要搞好策划方案，就要去了解消费者。
>
> ——史玉柱

　　很多客户在购买产品的时候，首先考虑的就是品牌。品牌越大，越能吸引客户的注意力。很多人觉得，穿着大牌衣服，用着大牌产品，能给自己带来更多的信心，让自己产生更多的价值感。

　　喜欢大牌的这种心理，源于人们对形象、身份、地位的追求，越是大牌的产品，越能展现一个人的品位，越能受到别人的关注，人们越会得到心理上的满足。可以说，大牌产品不仅能给客户带来自身的使用价值，还能给客户带来超乎想象的品位价值。

　　通常来说，客户在购物之前，就已经对品牌产生了一定的认知，对某种或某几种品牌具有一定的心理倾向。他们可能是自己有过相关的购买和使用经历，也可能是受到身边的亲人、朋友的影响。总之，他们一般会在几种固定的品牌中做出选择。这种潜在的心理，会对客户的购买决定产生一定的影响。

随着生活水平的逐渐提高，人们的财富也越来越多；而随着时代的多元化发展，人们越来越渴望张扬自己的个性。在财富和

> **想一想：**
>
> 你对大牌产品有怎样的认知？

这种渴望的共同作用下，人们对产品有了越来越多的要求和追求。可以说，人们对大牌产品的追求，已经到了前所未有的程度。这一点反映在购物上，就是人们对奢侈品的需求越来越多。

抓住客户的这一心理，销售员可以在产品的知名度上寻找促进交易的可能。以名人使用案例或是广告宣传的手段，让客户知道产品的市场影响力，进而对品牌产生足够的信任和认可。一般来说，大牌出现的过程，需要时间的积累。靠着质量和服务的双重作用，人们才会逐渐对品牌产生认可，大牌才得以赢得人心，占领市场。

对大牌产品的喜爱，蕴含着客户对高品质、高品位的追求。这种对美好事物的渴望，是客户的一种本性。在购买大牌的过程中，客户不仅能享受到产品的高品质，还能从中获得信心及别人的尊重，从而获得极大的心理满足。

对于销售员来说，客户对品位的高要求，恰恰是一个极好的推销产品的机会，只要能巧妙地让客户意识到大牌产品本身具有的与

众不同的价值，并让他们对这些价值产生足够的认同感，那么交易就极有可能达成。

大牌产品本身就具有一定的说服力，毕竟只有经过市场和时间考验的产品，才能逐渐得到认可，赢得市场。

客户需要产品，也需要面子

自己既然以推销作为职业，这当然就是我唯一的目标。为了达到这个目标，不论什么事情，我都要努力干到底。

——齐藤竹之助

随着社会的不断发展，人们的生活水平越来越高。在购物的时候，人们已经不像以往资金匮乏时那般锱铢必较。甚至有一部分人，为了追求面子，展现自己高人一等的消费水平和品位，选择花大价钱去购买一些奢侈品。

在奢侈品市场上，中国消费者已经成为新的生力军。从心理层面来说，这种炫耀是完全可以理解的。面对一些独特的商品，即便它们价格不菲，依然会有人愿意花钱购买，以提升自己在别人眼中的形象和定位。

举个简单的例子，相同品牌

想一想：

你会如何让客户感觉自己有面子？

的手机，有的机型价格高达8000元，有的机型价格不过2000元。就基础功能方面而言，两者的差距其实并不大，只是在某些附加功能上，两者有比较大的差别。但是，依然有很多消费者愿意花大价钱去购买价值8000元的手机。原因很简单，这些消费者希望通过手机来展现自己的与众不同，并凸显自己独特的身份。

在某些情况下，产品的性能和价格并不成正比，有时甚至会严重失衡。有些消费者为了借产品来获得某种精神享受、面子或者身份，宁可以数倍于性能的价格去购买产品。这究竟是为什么呢？

在经济学中，有一种奇特的现象，叫"凡勃伦效应"。这一现象最早由美国经济学家凡勃伦发现，他认为，某些商品价格定得越高，越会受到消费者的青睐。

俗话说"一分价钱一分货"，虽然价高不一定就能买到好货，可是高价给人带来的心理满足并非金钱能够衡量的。

有一天，一位禅师拿出一块漂亮的石头交给门徒，并说："你拿着这块石头到集市上去，看看有没有人愿意买。不过，我不是真的让你卖掉它，而是让你多问一些人，观察一下他们的反应，看看这块石头究竟值多少钱。"

按照禅师的要求，门徒拿着石头来到了集市上。看到门徒手中的漂亮石头，有些人很想把它买回去当摆件，或是买给孩子玩。但是，他们给出的最高价格，也就几个硬币而已。

在集市上转了一圈之后，门徒闷闷不乐地回去对禅师说："这块石头只能卖几个硬币而已。"

禅师并没有像门徒那样失落，他平静地对门徒说："现在，你拿着这块石头去黄金市场，问问能值多少钱。一定要记住，我只是让你问问价格，不是真的让你把它卖掉。"

门徒照例到黄金市场转了一圈，然后满脸欣喜地回来对禅师说："黄金市场上的人真是太好了！有人愿意出1000元买这块石头。"

禅师依然很平静，说："很好，这样吧，现在你拿着这块石头去趟珠宝市场，那里的人开价低于50万元的话，千万不能卖。"

于是，门徒又拿着石头去了珠宝市场。让他意想不到的是，有的珠宝商竟然愿意出5万元购买这块石头。门徒记得禅师的要求，便说："这个价格实在太低了，我不能卖。"

听了这话，珠宝商们开始不断加价，都希望买到门徒手中的石头。从8万元、10万元，到15万元、20万元，价格上涨的速度让门徒深感惊讶。他觉得这些珠宝商已经疯了，很想立刻就把石头卖掉，但同时，他也牢牢记着禅师的话，低于50万元的价格，绝对不能接受。因此，他说："非常抱歉，各位！这样的价格，我依然无法接受，我不过是询问一下价格而已。"

这下，珠宝商们更加疯狂了，他们开始了新一轮的竞价。珠宝商们的报价越来越高，最终有人报出了50万元的高价。门徒松了一口气，把石头卖给了那个人。

门徒高兴地回到禅师那里，把事情的经过告诉了禅师。听罢，禅师说："你现在应该懂了吧，在不同的场合中，石头的价值也会有所不同。要根据所处的环境，给石头标注不同的价格。在适当的环境和条件下，无论你要价多少，都会有人主动要求购买。在高端的场合，珠宝商们买这块石头并不是拿它做成摆件或是当作玩物，而是为了满足自己有能力购买的表现欲望。"

随着生活水平的逐渐提高，消费者对商品的需求已经不再局限于简单的基础功能，而是期待商品能给自己带来更深层次的体验和享受。那些能给消费者带来面子的产品，才能激发他们的购买欲望，才能让他们充分享受心理的优越感。

所以说，想方设法让客户体验到产品能给他们带来的"面子"，是销售员应该掌握的销售技巧之一。客户追求昂贵的产品，并不是因为他们注重物质、炫耀财富，而是他们渴望展现自己独特品位的一种方式。从本质上来说，这是一种心理需求，是一个人内心深处的深深渴望。

参考案例

对于很多人来说，手表并不是难得一见的珍稀商品，而且有许多人将手表视作生活必备品之一。

任何一款手表，都有实用性和装饰性两种重要属性。只不过随着时代的进步，人们佩戴手表的目的已经不是简单的计时，而是上升到更为复杂的层面。许多人将手表视作自己身份、地位、个性的象征。人们对手表的装饰性需求逐渐超越了对实用性的需求，这就使得手表市场上的许多奢侈品牌受到了更多的追捧，有了更快的发展。

而且，随着人工智能的快速发展，越来越多的人对手表的科技元素有了更多的期待，这就使得手表市场出现了一个新的细分市场——智能手表。

智能手表的出现，改变了消费者对手表的认知，让对手表有需求的消费者又多了一种购买选择。面对这一需求，华为也进军智能手表行业，并取得较好的成果。

2015年，世界移动通信大会在西班牙隆重召开。在这次大会上，华为公司推出了HUAWEI WATCH这样一款迎合客户需求和品位的智能手表。下面，我们就一起看一看这款手表是如何体现其独特品位的。

1. 精致靓丽的外观设计

在智能手表市场上，有很多生产厂商，但并不是每一家厂商都对智能手表有正确的认识。

有的企业，简单地将智能手表定位为一款可以穿戴的设备，只要对传统手表稍微做一些改进，融入智能的概念就可以了；有的企业，单纯地认为智能手表的卖点在于智能，只要科技含量足够高，那么外观等方面就可以不那么重视。

无论是在传统手表中融入智能概念，还是只注重科技含量而忽视外观，都是错误的思维方式。因为，智能手表的本质终究还是手表，其实用性和装饰性缺一不可。手表不仅是一种计时工具，还是一种可以提升消费者品位的装饰品。更何况，现在的消费者已经对装饰功能有了更高的要求，不注重外观设计的智能手表，通常很难让消费者产生购买欲望。

华为公司则很好地避免了这些错误，在打造HUAWEI WATCH之初，就将其精准定位为"一款手表"。在这种理念的指引下，设计师采用了与传统高级腕表相似的外观、工艺及材料，并使用了传统手表经典的圆形设计。HUAWEI WATCH超乎预料的靓丽外表，赢得了众多消费者的交口称赞。业内的许多专家甚至这样预言：

HUAWEI WATCH的精致外观设计，会给全球智能穿戴市场的发展趋势带来一定程度的影响。

HUAWEI WATCH精致靓丽的外观设计，一下就引起了消费者的关注，再加上精湛的工艺和优质的材料，这让它的品位迅速有了极大的提升。

2. 强大的品牌做支撑

任何一款新上市的产品，想要赢得消费者的认可都不是一件容易的事，生产厂商的品牌号召力，对产品能否赢得客户具有非常巨大的影响力。

众所周知，华为并不是第一家研发智能手表的厂商，但是因为华为品牌具有较大的影响力，所以消费者对HUAWEI WATCH充满了期待和关注。甚至可以说，不管华为推出什么新产品，消费者都会表示关注和支持。2015年11月，HUAWEI WATCH才在上海首发，但是仅仅半年时间，它就已经成为全球知名的智能手表品牌。HUAWEI WATCH能在众多智能手表中脱颖而出，成为一款广受欢迎的手表，华为品牌这个强大的后盾无疑起到了十分重要的支撑作用。

消费者对华为品牌的认可，衍生出对HUAWEI WATCH的信任，所以HUAWEI WATCH受到消费者的欢迎也就不足为奇了。

3. 产业结合带来独特体验

华为根据HUAWEI WATCH的特点及产品优势，将其与合作伙伴的品牌特点进行有机融合，通过双方的优势互补，打造出一种能够被大众接受的共同的用户体验。

　　HUAWEI WATCH充分利用产业结合这一特点，开展了多项跨界活动，将其影响力逐步拓展到与之相关的诸多领域。HUAWEI WATCH先与滴滴打车展开跨界合作，之后又跨界时尚圈、娱乐圈、体育圈等，一步步将其设计理念、独特属性等内容进行了更为广泛的传播，也为消费者带来了独一无二的消费体验。

案例分析

　　HUAWEI WATCH之所以受到市场的欢迎，与其较高的品质、较强的品牌影响力及独特的消费体验等都有密切的关系。戴上它，消费者的品位和形象立刻就有了极大的提升，这对消费者的吸引力是非常巨大的。

第七章

个性价值：给客户"我跟他们不一样"的幸福感

在如今这个时代，客户越来越追求个性的独立，越来越喜欢能够彰显个性价值的产品，为了满足客户的这种需求，销售员完全可以在独特性上做文章，给客户带去与众不同的幸福感，这样他们才愿意为产品付出金钱。

把客户的名字刻在脑子里

> 如果你能让客户觉得他很重要，比如记得他的名字，他甚至会重新选择。
>
> ——柴田和子

名字是一个人颇具代表性的符号之一，所以人们对自己的名字总是十分关注。即便是在嘈杂的环境中，人们依然可以听到别人喊自己的名字。这是因为，无论在什么情况下，人的听力都具有一定的选择能力。

从声学的角度上说，这种效应叫作人耳的掩蔽效应。无论环境多么嘈杂，人都会把注意力集中在某一个人的谈话上，从而忽略背景中其他的对话或噪音。之所以如此，是因为交谈的双方将注意力放在了各自的关注重点上，对重点之外的声音则选择性地忽

> **想一想：**
>
> 你能准确地记得多少位客户的名字？

视。就其本质而言，这是人的听觉系统的一种适应能力。

当人把注意力集中于某一事物时，大脑往往会主动将一些无关的声音排除在外，而对那些与自己有关的声音则能迅速做出反应。简单说来，就是人的大脑会对声音做出判断和过滤，决定哪些要听，哪些不要听。在大脑想要听到的声音中，自己的名字是一个非常重要的刺激源。人们只要听到有人喊自己的名字，就会以最快的速度做出回应，并对那些能喊出自己名字的人产生好感。

有些销售员也许觉得，客户的名字只不过是一种代号，甚至有些客户根本就不喜欢自己的名字，所以对于某些客户来说，名字并不像想象的那样重要。有这种想法的销售员，只能说他对名字的重要性认识不足。每个客户的名字都是独特的存在，即便有重名的情况，但是家人及自己，都给这个名字赋予了不同的意义。而且，随着时间的推移，客户的名字逐渐成为生命的一部分，是人生中不可分割的重要组成部分。

销售员可以试想一下，如果一个陌生人在刚刚见面的时候就能喊出你的名字，你会不会觉得十分惊喜？你心里会不会觉得非常幸福？如果销售员有惊喜和幸福的感觉，那么当你喊出客户的名字时，客户也会产生同样的感觉。

实际上，即便是第二次相见，如果销售员能喊出客户的名字，客户心中也会产生满满的幸福感，并对销售员刮目相看。对于这样一个愿意在自己身上花费精力的销售员，客户往往会产生好感，并愿意与之进行更深入的交流。

从某种程度上来说，一个人的名字不单单是一个代号，更是这个人最鲜明的名片。当销售员准确地叫出客户的名字时，客户会觉得自己给销售员留下了深刻的印象，觉得自己在销售员眼里是特殊的。一旦客户产生了这种被重视的感觉，他的内心深处就会感到温暖，很容易被销售员打动。

给客户编一个专属的故事

> 故事具有强烈的催化作用，讲得越好，催化力越强。
>
> ——原一平

　　从小到大，人们都喜欢听好听的故事。当听到一个令人振奋的故事时，人们的情绪会受到感染，精神会为之一振。而且，很多人听到好故事的时候，往往希望自己能变成故事中的主角。

　　如果销售员能够抓住客户的这种心理，为客户量身打造一个专属故事，那么客户自然会心生留恋，对销售员也会产生亲切感。当客户沉浸在故事中时，往往更容易被说服，更愿意掏出自己的钱包。

　　想让自己的故事更有感染力，销售员需要掌握一些技巧。

> **想一想：**
>
> 　　如何为客户编一个专属的故事？

1. 牢记讲故事的目的

在编故事的过程中，销售员要时刻牢记讲故事的最终目的是要销售产品，所以在讲述的过程中应该注意把故事与产品联系在一起，只有这样，故事讲得才有意义。

2. 制造美好的情境

为客户制造美好的情境，引导客户进入故事之中。要做到这一点，销售员甚至可以借用电影、电视剧中的桥段，只要能对客户产生引导作用就可以，所以制造这种情境并不像很多销售员想象的那么困难。

3. 细节描述得越细越好

销售员对时间、地点、过程等细节描述得越细致，故事的可信度就越高。如果销售员能在细节渲染上多花些时间，就可以长时间地吸引客户的注意力，让客户跟着自己的节奏走。

4. 善用肢体语言

在讲故事的过程中，肢体语言的作用不可忽视。语言和动作相结合，可以为客户呈现一个更加生动、形象的故事，增加说服力。

5. 适当运用道具

销售员仅仅空口讲故事的话，客户往往难以相信，借助销售清单之类的道具，则可以增加故事的真实性和可信度，从而达到说服客户的目的。

6. 表达方式要恰当

不同行业的客户，说话方式会有所不同，销售员应该根据客户的类型选择不同的表达方式。如果无法确定客户的身份或职业，最好的办法是使用生活化的语言。毕竟每个人都要接触真实的生活，生活化的语言是一种通用语言。

给客户讲一个独特的故事，其实就是给客户一个购买的理由。让客户成为故事的主角，满足客户追梦的心理，客户的心往往会由此变得柔软，销售也就更容易成功。

给客户一个特定的购物身份

> 如果你想尽快拿到订单，就必须给客户一个他应该立即购买你产品的理由。
>
> —— 汤姆·霍普金斯

在实用心理学的相关理论中，有关于"身份层次决定行为层次"的观点。也就是说，人们通常更愿意做一些与自己的身份相符的行为。

这一点，无论是在生活中还是在销售中，都能适用。销售员如果想让客户购买自己的产品，最好先给客户一个特定的购物身份。只要客户对这个身份表示认可，那么他自然而然就会认同销售员的产品。

王亮在古玩市场开了一家店，售卖一些古玩和藏品。一天，店里来了一位男士，王亮便上前招呼起来。

"老板，我想看看这个手串。"男士说。

"您真有眼光，这手串是刚到货的新品。"王亮边说边拿出手串给男士。

"南红玛瑙，看起来还不错。"

"呦，您是行家啊！一眼就看出是南红玛瑙。"

"我也就随便说说。这是保山料吧？"男士脸上已经露出了笑容。

"是啊，就是保山料。能看出这是保山料，说明您确实懂行。"

"这雕工也挺好，蝙蝠雕得挺逼真。"男士接着说。

"好多人觉得蝙蝠不吉利，您不这么觉得？"

"'蝠'和'福'是同音字，这是吉祥的寓意啊！"男士放声大笑起来。

"您绝对是个行家，连传统文化都研究得这么透彻。"

"别说行家不行家的，这手串多少钱？我买了。"

王亮都没推销自己的手串，一笔生意就这样谈成了。

如果销售员都能像王亮一样，给客户一个"行家"的身份，那么客户就会主动提出购买的意向，而且不会在价格上多做纠缠。这是因为，特定的身份让客户得到了满足感，让他们的个性价值得到了展现。

除了"行家"之外，销售员还可以给客户设定诸如"贵宾""成功人士""优雅女士"之

想一想：

你为客户设定过什么样的购物身份？

类的身份，让客户发自内心地感到高兴，从而对销售员产生好感。当客户被销售员给出的身份深深打动时，他们就会更容易接受销售员提出的要求，甚至会主动给销售员更多的利益。

为什么会出现这样的情况？根本原因就在于销售员很好地利用了客户对身份层次的认知和渴望。一般情况下，客户会希望自己具有较高的身份层次，而为了证明自己确实与这个身份相符，他们就会选择购买能够与自己的身份匹配的产品。也就是说，客户为了满足身份层次的需求，往往愿意支付出更高的价格。

一切工作，都要符合客户的价值定义

> 糟糕的谈判对手试图强迫对方改变立场，而高明的谈判对手知道，即便双方的立场存在很大差异，双方的利益也可以是共同的，所以他们通过行动让对方改变立场，关注双方共同的利益。
>
> ——罗杰·道森

凡是客户愿意出高价购买的产品，通常都是物有所值甚至物超所值的。他们希望销售员给出的解决方案是与众不同的，而且能在交易中得到相应的回报。只有看到自己花的钱变成切切实实的价值，他们才会心生满足。

在这个过程中，有一点需要销售员加以关注，那就是销售员对价值的定义一定要与客户保持一致，所有的工作都要围绕客户

想一想：

你会怎样看待客户的价值定义？

的价值展开。

一般情况下，客户都会渴望销售员充分理解自己，并根据自己对价值的定义去寻找专属的解决方案。只有独属于自己的产品，才能让客户感受到独特的个性价值。

对于销售员来说，一般可以通过以下五种途径来满足客户的需求，体现客户在销售活动中的重要性。

1. 使用类比

人都有惯性思维，之前所做的事情、决定等，会对当下的事情、决定等产生一定的影响。这种情况下，类比就成为展示价值的有力武器。如果新的信息和客户之前储存的信息有重叠，那么这些信息就更容易被客户接受。因此销售员要主动发掘与客户的共鸣之处。

2. 认真聆听

每一位客户都有独特的需求和渴望，销售员只有认真聆听，才能从中发掘出有用的信息，通过对于这些信息的分析，可以得出客户独特的个性价值需求。

3. 全面渗透

客户决定购买产品之前，往往会参考亲人、朋友等人的意见，销售员要注意这一点，将这些会对客户产生影响的人物放在重要的位置上，对他们有充分的了解，尽量满足所有人的需求。只有全面接触这些人，才有可能找到令客户满意的解决方案。

4. 客户化

销售员应该坚持以客户为中心，搜集一切与客户有关的信息、资料等，从中发现客户的喜好、观点等，并将这些信息融入自己的价值销售中。当客户发现销售员与自己的价值观非常接近时，他们自然更愿意接受销售员的建议。

5. 适时推动

有的时候，客户虽然很喜欢产品，但碍于价格、家庭环境等而迟迟无法做出购买决定。在这种情况下，销售员应该适时推动交易，让客户相信自己值得拥有这款产品。

对于销售员来说，准确定义客户眼中的价值，是展开价值销售的基础所在。但是，每个客户对产品都有不同的认知，对价值的定义也有所不同。这就要求销售员要区别对待每一位客户，根据客户的不同需求和价值定义，采取不同的销售方式，从而给客户带来与众不同的消费体验，赢得客户更多的信任和认可。

"唯一"带来巨大的优越感

> 　　谈判高手知道对不同性格的买主要采取不同的做法。弄清买主的性格特点，改变你的谈判策略来适应它。
>
> ——罗杰·道森·

　　从个人心理的角度来说，每个人都希望自己与众不同，都渴望自己是最重要的那一个，如果能成为别人的"唯一"，那是再美好不过的事情。试想一下，你和别人沟通的时候，如果对方说出"我只相信你一个人""你是我唯一的朋友"之类的话，你的心中会不会泛起一阵暖意，或是觉得肩上的责任一下子重了起来？之所以产生这样的感觉，是因为在对方眼里，你是非常特别的一个人，这种与众不同的对待方式让你产生了无与伦比的优越感。

　　在现实生活中，相信许多人都有过类似这样的经历：

　　你和同事或朋友一起到你经常去的那家咖啡店喝咖啡，刚刚进门，老板就热情地迎上来，并且喊着你的名字亲热地向你打招呼，当身边的同事或朋友用诧异的眼神看着你时，你是不是立刻觉得自己与众不同？老板的区别对待，让你觉得自己跟身边的人是那么的不同，这种"唯一"的感觉，让你产生了优越感。

如果老板送上咖啡之后，又免费赠送给你一份甜点或小食，并说明这是因为你是这里的常客，相信你的优越感又会大幅提升，对老板的好感也会瞬间增加不少。以后再想请人喝咖啡的时候，你第一个想到的，一定是这家店。

对于客户来说，销售员给予的"唯一"的优越感，是一种无与伦比的心灵享受。为了满足客户的这种需求和渴望，销售员应该尝试将"你是唯一"的概念灌输到客户的头脑中，促使客户认真地聆听自己所说的话。

> **想一想：**
> 你是怎样为客户制造"唯一"的优越感的？

在沟通的过程中，刻意强调"你是唯一"这一点，会让客户对销售员产生更多的好感，这对双方进一步的交流具有一定的促进作用。所以，销售员千万不要忽视"唯一"这两个字，它们能产生出乎意料的巨大能量。

要知道，无论什么样的客户，他们内心深处都会认为自己才是最重要的那一个。在销售过程中，只要销售员对客户表现出"你是唯一"的态度，客户就会发自内心地感到高兴，而且由于受到了认可并得到了特殊对待，他们不但会更加认真地听销售员讲话，还会以更加友善的方式予以回应。

客户被当作"唯一"的感受，会减少他们情感上的抵抗力，只要销售员能够合理地运用这种极具说服力的语言，并在销售过程中展现自己的真诚态度，就能很轻易地说服客户，并得到客户的青睐。

一对一服务，满足重点客户的个性化需求

> 销售是一场情报战，如果你想向某人销售东西，就应当
> 尽力搜寻他与此交易有关的一切信息。
>
> —— 乔·吉拉德

在销售过程中，销售员总是希望以最小的代价换取最大的利益。想要实现这一目标，销售员可以为重点客户提供更多的一对一服务，让他们感受到自己与普通客户的不同。比如，在银行有VIP通道，在机场有贵宾休息室，等等。

在每一个行业中，重点客户都是重要的业绩来源，维护好与他们的关系，销售员的业绩就有了较大程度的保障。所以说，在维护客户关系时，销售员一定要紧紧抓住自己的重点客户。通过优质的服务提升客户的满意度，进而让客户对销售员和产品产生更高

> **想一想：**
>
> 你曾如何满足重点客户的个性化需求？

的忠诚度，重点客户就不会轻易与其他销售员合作和交易。

很多销售员虽然深知重点客户的重要性，也想尝试为他们提供个性化服务，但是由于能力不足、资源不够等各种原因，总是难以达到最好的效果。实际上，只要销售员能做好以下三点，维系好与重点客户的关系就不是难事。

1. 提升个人素质

重点客户往往对产品和服务都有较高的要求，销售员要时刻注意提升素质，才能跟得上客户的节奏，满足他们的需求。

2. 及时、有效地沟通

及时、有效地与重点客户沟通，才能在第一时间了解客户的想法，然后根据他们的需求提供相应的产品和服务。

3. 满足个性化需求

客户追求个性化产品，是他们展现个性的方式。满足他们的需求，才能体现销售员是在用心地服务。

在各行各业中，重点客户群体都是销售员稳定的业绩来源。所以说，当这些客户提出个性化需求时，销售员应该尽最大的努力去满足。因人而异地制定个性化服务方案，为客户提供一对一的专属服务，客户就会体验到被重视的良好感受，并充分享受到产品给他们带来的个性价值。对于客户来说，这种情感上的价值，有时比产品的实用价值更加弥足珍贵。

重点客户群体是销售员的重要收入来源，对销售员的业绩具有很大的影响。因此，销售员应该想方设法地维护这个群体，保持这个群体的稳定，这样才能节约销售员的时间和精力，减少成本支出，为销售员开发更多客户创造机会，同时也能给销售员带来更多的收益。

换句话说，销售员为重点客户提供一对一的服务，不仅满足了客户的个性化需求，也实现了提升个人收入的目标，真可谓一举两得，是一种效果很好的销售方式。

参考案例

对于海尔公司来说，设计融合是一项万分重要的工作。从某种意义上可以说，海尔公司之所以能生产出那么多畅销海内外的家电产品，就是因为他们的设计融合工作做得好。

海尔人深知，一款产品能否被消费者认可和接受，与设计融合有着莫大的关系。所以，他们对消费者的需求往往表现出超乎寻常的关注。

比如，针对美国消费者对外观、制冷效果和使用习惯等区域化特征，海尔公司专门设计了"大统帅"冰箱；针对印尼消费者，海尔公司特意设计了高节能、宽电压的单门冰箱；针对巴基斯坦消费者的穿衣习惯，海尔公司专门研制了一次能洗15件长袍的洗衣机。

在美国卖了20年冰箱的海尔贸易公司总裁麦克·贾迈尔，根据美国人喜欢在家中存酒的习惯，产生了储酒冰柜的创意。他认为，把酒放在地窖里，存取很不方便，所以专业储酒的冰箱应该有一定的市场需求。他的这一创意得到了海尔公司高层的支持，项目很快上马，不久之后，第一台储酒冰柜就在青岛出厂了。

当时，也有其他厂商在做储酒冰柜，但是他们通常只把小冰箱的内部稍加改造，不过是把塑料门换成玻璃门。而海尔公司设计生产的是一整个系列的产品，其金属质感的外壳很富有装饰性，体积小巧、便于移动，使用者还可以根据存放的酒的品种来调节温度。综合而言，海尔的产品全方位领先于同类产品，因此很快受到美国消费者的青睐。

储酒冰柜只是海尔公司充分适应当地消费者，为不同区域生产不同产品的一个缩影而已。目前，海尔公司已经能在全球各地充分利用当地化的网络，创建当地化的团队，去准确寻找和掌握消费者的需求，为消费者生产和提供能够满足差异化需求的产品。

海尔公司自主设计的"小小神童"洗衣机，让消费者随时少量洗衣的需求得以满足。这款产品从第一代生产到第八代，总销量达到了几百万台，开拓出一个全新的洗衣机市场。

海尔公司针对日本市场设计生产的5公斤波轮洗衣机，成功打进日本主要家电销售渠道，成为同类型产品的领跑者。

……

总而言之，在满足消费者差异化需求的道路上，海尔公司一直都走在前列。融合当地的文化、资源，为当地消费者提供最合适的产品，这是海尔人一直以来的追求。他们能够取得如今这样的成就，赢得如此众多的荣誉，与他们的这一生产理念是分不开的。

[案例分析]

　　海尔公司坚持为不同区域的消费者提供适应当地文化和需求的独特产品。这种差异化的设计，不仅让消费者感受到了海尔公司对消费者的尊重和重视，也给消费者带来了最适合的产品、最大化的价值及最优质的消费体验。

第八章

信息价值：释放信息"炸弹"，让客户觉得非它不可

　　任何一种产品，都附带着某种或某几种重要的信息，这些信息传递出的价值很可能是某些客户特别关注的。找到与客户切身相关的信息，吸引客户的关注，让客户产生非它不可的感觉，那离销售成功就不远了。

像专家一样介绍产品

> 要赢得客户的信赖，就必须表现出值得信赖的行为。
>
> ——杰克·韦尔奇·

　　在销售活动中，许多销售员都会运用"权威效应"对客户施加心理影响，让对方对自己的说法产生更多的信任感，从而达到说服对方购买的目的。

　　所谓权威效应，指的是如果一个人地位很高，威信十足，受人尊重，那么他说的话就容易受到重视，人们更愿意相信其准确性。之所以如此，主要有两个原因：

　　第一，人们总是将权威人物视作楷模，遵从权威人物的思路和方法，往往能让人产生更多的安全感。即便出现了错误，也有权威人士掩护，无形中减少了自己承受的压力。

想一想：

　　你是怎样让自己变身产品专家的？

第二，每个人都想得到称赞，跟着权威人士的思路走，按照权威人士的要求去做，通常更能受到各方的赞扬和鼓励。

在销售活动中，客户同样喜欢专家式的销售员。毕竟客户对产品和相关行业的了解都是有限的，需要专业性较强的销售员为自己做介绍或推荐，这样客户才能放心购买。

既然客户有这样的心理诉求，那销售员不妨做一同产品专家，通过自己的介绍，让客户从中得到更多的产品信息，获得更有价值的建议。

对于销售员来说，要想成为一名令客户信任的"专家"，就要尽量在能力范围内为客户做好所有的疑难解答。假如你是一名家具推销员，你就应该对家具的工艺、材质、制造流程、定位等有所了解，让客户在使用家具的同时，得到许多有益的知识，提高个人的品位和鉴别能力。

实际上，无论什么产品，客户都想要得到专业的讲解，全方位、深层次地了解产品之后，客户会觉得自己购买的不仅仅是一件产品，更重要的是获得了一种高尚的品位，一种良好的消费体验以及许多重要的信息。

通常来说，销售员提供的专家式服务，能为客户带来以下几个好处。

（1）最直接的好处，是减少了客户的购买成本，因为在信息收集、评估选择等环节，销售员给出了专业性的建议，客户少走了不少弯路。

（2）销售员与客户进行面对面的交流，提供直接有效的建议，让客户感受到了情感温度，心理上得到一定程度的满足。

（3）客户可以购买到合适、性价比高的产品，得到质量较高的售后服务。

优秀的销售员会把自己塑造成产品"专家"，通过有效的说服，让客户明白从他手中购买产品会有什么好处；优秀的销售员懂得更多与产品有关的专业知识，可以给客户提供更多、更好的建议和服务；优秀的销售员不仅能给客户带去好的产品和消费体验，也能让客户在购买的过程中了解更多的产品信息，学习购买产品的知识和经验。

在互相帮助、互相促进的过程中，销售员和客户能够建立更加紧密的关系，为长期合作奠定坚实的基础。

提出让客户难以拒绝的好处

> 你在要求客户真正做出任何决定前，已将经常伴随而来（不论是明的还是暗的）的财务、心理或情绪的风险因素都去掉。
>
> ——杰·亚伯拉罕

在交易的过程中，双方都希望将交易的风险转移到对方身上，尤其对于客户来说，既要花钱，又要承担风险，这显然是他们不愿接受的。如果销售员能把风险从客户身上转移掉，那么就能消除客户的心理障碍，为成功销售奠定基础。

有一位男士想给自己的孩子买一匹小马，于是在附近找了两个售卖小马的人。他们售卖的小马，各方面条件都差不多，但是两个人的要价却差很多。

第一个人为自己的小马标价500美元，男士想要的话可以立刻牵走。

第二个人为自己的小马标价750美元，他告诉男士，可以让男士的孩子先试骑一个月。他除了亲自把小马送到男士家中，还为小马备足了一个月的草料。而且，他每周都会派人去男士家中，教他的孩子如何喂养和照顾小马。一个月之后，他会再次到男士家中，那个时候，男士可以自己做出决定，是让他牵走小马，还是支付750美元将小马留下。

试想一下：那位男士会做出怎样的决定呢？

在很多销售活动中，客户不愿购买产品，并不是因为对产品不满，而是因为没有得到相应的保证，这让他们对产品有所怀疑。如果销售员可以向客户保证，不满意随时可以退货或退款，那么客户就完全不必承担风险，在这种情况下，客户就没有拒绝的理由。即便只是抱着试一试的想法，他们也会购买和使用产品。

想一想：

你会为客户提出哪些无法拒绝的好处？

当然，在向客户做出保证的时候，一定要谨记以下三点。

1. 保证要充满真诚

对客户的保证，是有效说服客户的一种手段。如果只是敷衍了事，而不付出真心，肯定是无法打动客户的。毕竟客户有自己的判断力，能够看清是非曲直，欺骗是无法换来客户的认可的。

2. 适当地做出保证

销售员应该了解自己的产品，对于无法做出保证的部分，绝对不能轻易给出承诺。否则，一旦客户要求销售员兑现诺言，销售员就会陷入进退两难的境地。对于销售员来说，这是销售工作的一大禁忌。

3. 保证是双赢策略

销售员既然向客户做出保证，必然要在销售中做出更多的努力，力争让客户更加满意。而客户在拥有更好的产品，得到更好的服务之后，显然会对销售员青睐有加。也就是说，在这个过程中，客户和销售员都是赢家，对双方都有益处。

客户购买产品，满足需求是先决条件，当销售员提出令客户无法拒绝的好处时，客户往往会对产品产生更多的好感，如果这些好处能让客户实现自己的价值，那么他们通常会欣然接受。

销售员的责任，是帮客户解决难题

> 你必须把准客户的利益放到第一位，帮助他们发现身上的不平衡之处。
>
> ——金克拉·

　　汤姆·霍普金斯曾说："在我多年的推销生涯中，感到赢得客户的芳心是推销的关键所在。"有些销售员觉得，要想赢得客户的芳心，得到客户的认可，就要为客户提供最好的产品和服务。事实真的如此吗？并不尽然。

　　销售的根本目的应该是为客户解决某些需求方面的问题，让客户的生活变得更加便捷、舒适。虽然表面看来，客户购买的是产品和服务，但就本质而言，客户购买的其实是心理上的某种满足。

　　特德·莱维特说："客户真正购买的不是商品，而是解决问

想一想：

你会以什么样的方式帮助客户解决难题？

题的办法。"销售员应该将关注点放在客户希望解决的问题上，而不是自己销售的产品。只有时刻为客户着想，尽全力帮客户解决问题，客户才会信任和接受销售员。

　　住在北极地区的因纽特人，身边从不缺少冰雪。销售员想要将冰块卖给他们，显然是非常困难的事情，但是汤姆·霍普金斯做到了。

　　"您好！我是汤姆·霍普金斯。不知道您有没有时间听我介绍一下我们公司生产的北极冰？"

　　"冰？我想没有必要了。你看，四周都是冰，而且是免费的。"

　　"是的，这里的冰是免费的。我想您也知道为什么这些冰是免费的。"

　　"这不明摆着吗？因为这里到处都是。"

　　"没错，您说得很对。我还想问一下，您用这些冰的时候，有人管吗？"

　　"当然没有了。"

　　"先生，您看，现在咱们两个都站在冰上，您的邻居还在那边清除鱼的内脏，还有的小孩在冰面上嬉戏，甚至连北极熊都在冰面上排泄……您可以想象一下。"

　　"我宁可不去想象。"

　　"也许这就是这些冰会免费的原因，但您觉得它是物美价廉的吗？"

　　"别说了，我忽然感觉有些难受。"

　　"我明白您的感受。您将这种没有健康保障的冰块放进饮料之前，一定会进行消毒吧？我想知道您是如何消毒的呢？"

"当然是化成水然后烧开了。"

"把冰块化成水，烧开后冷却，然后再冻成冰，您不觉得这是在浪费您宝贵的时间吗？如果您愿意尝试，今天晚上您和您的家人就能享受到加了干净的北极冰的饮料。噢，对了，我想知道您那位清除鱼内脏的邻居是不是也愿意感受一下北极冰带来的好处。"

"你卖的这种冰块价格贵吗？"

……

就这样，汤姆·霍普金斯把冰块卖给了因纽特人。

对于因纽特人来说，冰块是一种司空见惯的生活材料。身边随处可以取用，习以为常中，他们并没有意识到卫生的问题。汤姆·霍普金斯巧妙地进行引导，最终让客户发现自己对结晶冰块的需求。

没有需求，就没有解决方案。有的时候，客户自己都未曾发现的某些需求，才是最有价值的。一旦销售员可以挖掘出客户内心深处隐藏的某些需求，并让他们意识到需求无法满足的重要后果，他们不仅会主动选择购买产品，还会对销售员表示感谢。

对于销售员而言，客户的需求就是自己的需求，客户的问题就是自己的问题，帮助客户解决最需要解决的难题，就能赢得客户的信任，让客户发自肺腑地接受你，甚至他们会主动帮你宣传，为你带来更大的销售业绩。要知道，满足客户的需求，就是销售员能给客户带来的最大利益和价值。

孰优孰劣，一比便知

> 在推销的过程中，如果推销员忽略了商品的某种缺陷，那只能让他的推销工作更加艰难。因此，永远不要把产品的缺陷当作一项秘密。
>
> ——汤姆·霍普金斯·

在这个世界上，几乎没有不爱比较的客户，货比三家是很多客户在做出购买决定之前的必做工作之一。

既然比较对客户来说如此重要，那么销售员不妨主动为客户做好这项工作，在客户开始货比三家甚至更多家之前，销售员先去寻找产品之间的差异，并做好记录，有的时候，销售员甚至可以制作表格，将相关竞品的信息全部罗列和展示出来，让客户对市场行情一目了然。

客户只有对产品价格等信息了然于胸，才会放心地和销售员交流，并逐渐消除对产品和价格的疑惑。这样进行价格博弈，销售员往往能够占据更多的主动和优势。

孙磊是一家电脑公司的推销员。一天，他去拜访一位客户，想要从客户那里拿下订单。

介绍完产品之后，客户说："你说得已经很清楚了，我也觉得不错。但是，价格方面能不能再优惠一些？市面上的很多产品，比你家的价格低很多。"

"市面上的一些产品，确实比我们的价格低一些，但是我们的产品是国家免检产品，质量方面很有保障。您说的一些产品，我们也进行过相关的调查，也做了一些比较。这里有一份调查资料，您可以看一下，看看我们的调查是不是准确。"孙磊说着，把对比资料递给了客户。

客户看完资料之后，对各种产品有了更加深刻的认识，发现了彼此之间的差异。因此，他最终决定购买孙磊推销的电脑。

对于很多行业来说，客户都只是"门外汉"，他们对产品的认知和理解，远不如销售员那么清晰和深刻。即便货比三家，有些客户也不知道应该比较些什么，尤其是一些技术含量较高的产品，客户更是摸不清其中的门道。如果销售员能够主动为客户搜集信息，做出客观而准确的比较，客户就会觉得销售员是值得信赖的。这种印象的产生，对销售工作有很大的促进作用，客户不仅会认为销售员是可靠的，也会认为销售员推销的产品是最佳的选择。

当然，在做比较的时候，销售员要做到实事求是，不能为了

想一想：

评价竞品时，你会采取什么样的表达方式？

凸显自己产品的优势，就刻意地贬低竞争对手的产品。那么，究竟应该怎样评价竞品，引导客户接受自己的产品呢？

1. 客观评价竞品

任何产品都不是完美无缺的，客户想要看到的是真实情况的反映。他们会做出比较，但前提是销售员给出的信息是客观、公正的，一旦销售员做出主观性的评价，客户就会对销售员产生怀疑。

2. 不随意诋毁竞品

客户购买产品之前，必要的比较是会做的。如果销售员为了打压对手，便故意夸大自己的产品，或是随意诋毁竞品，就会给客户留下小肚鸡肠和偏私狭隘的印象，很难取得客户的信任。

3. 充分了解竞品

所谓"知己知彼，百战不殆"，销售员只有对竞品的信息做到了如指掌，才能更好地进行比较，将最准确的信息传递给客户，让客户做出决定。

身为销售员，一定要记住，只要有竞品存在，客户的比较心理就永远不会消失。与其让客户自己去比较，给竞争对手留住客户的机会，倒不如一开始就帮客户搜集相关信息，以客观、真实的姿态去赢得客户的认可，顺利拿下订单。

客户想听什么，就跟他说什么

> 可以毫无保留地说，最重要的销售工具之一是推销员的声音。
>
> ——金克拉·

　　客户愿意和销售员有所接触，必然是因为他有某种需求，或是想要购买某种产品，或是了解产品信息，或是调查市场行情，无论出于何种目的，他一定想得到和产品相关的信息。抓住这一点，销售员可以更好地推销自己的产品。

　　向客户介绍产品时，先要挖掘客户的真实需求，了解客户的心理动态，客户最想听到什么信息，销售员就要告诉他什么信息。投客户之所好，根据客户需求去完成推销工作，往往更能让客户感受到产品的价值。

　　如果销售员不知客户的需求

想一想：

　　你会说一些客户非常想听的话吗？

所在，还非要向客户推销，那么销售十有八九会失败。

　　一位卡车推销员对一位看车的客户说："如果您需要一辆卡车，我们公司能满足您的心愿。"

　　"你们公司的卡车载重是多少？"

　　"我们公司的卡车至少能载重10吨。"

　　"可是我只想买一辆载重8吨的卡车。"

　　"买一辆载重更大的卡车，您不是可以多拉一些货物吗？"

　　"我得考虑成本啊！"

　　……

　　可以预见，这名销售员的推销不会成功。因为他只是把自己想说的话说了出来，却没有说出客户想听的话。如果换一种说法，也许结果会大不相同。

　　"如果您需要一辆卡车，我们公司能满足您的心愿。不知道贵公司一般会装载多少货物？"

　　"一般8吨左右。你们公司的卡车载重是多少？"

　　"我们公司的卡车至少能载重10吨。"

　　"那有点大了，运营成本太高。"

　　"您每次都会运相同分量的货物吗？"

　　"当然不是了，偶尔会超载。"

"这就是了，超载不仅危险，对卡车的损耗也大。如果再遇到天气不好、路况不佳的情况，载重8吨的卡车肯定是不行的。如果您买一辆载重10吨的卡车，那这些困扰都能解决。虽然暂时花费高一些，但是卡车的使用寿命会有所延长。平均下来，其实每年也没多花多少钱。"

听了销售员的话，客户若有所思，最终决定购买一辆载重10吨的卡车。

对于客户而言，能带来利益的产品才是有价值的。所以，他们往往更加关注产品能给自己带来什么。销售员在传递信息的过程中，要将客户想知道的信息准确地传达出去，这才是抓住客户的不二法门。

许多时候，销售失败并不是因为产品不符合客户的需求，而是销售员介绍产品的方式出现了问题，当销售员能够灵活地说出客户想听的话时，客户就会深刻地感受到产品的价值，深深觉得这个产品就是自己最好的选择。

让客户明白产品的真实价值

> 不要认为帮助买主得到他想得到的东西，你就一定有所损失。你们要的不一定是同样的东西。
>
> ——罗杰·道森·

金克拉说："有时候你必须向潜在客户说明产品的特征和功能——这个信息将会让潜在客户相信，你了解自己的业务，也明白自己产品的价值所在。然而只有当你清楚地摆出产品的益处时，潜在客户才会掏钱。"客户购买产品，是希望得到某种益处，满足需求是客户购买的动力所在。

一般情况下，销售员对产品的了解显然多于客户，销售员和客户之间存在着明显的信息不对

想一想：
你会跟客户谈论产品的哪些真实价值？

称的问题。很多时候，客户对产品的了解只是皮毛而已，他们对产品的真实价值的了解极为有限。所以说，销售员需要将产品的真实价值

介绍给客户，这个关键信息对客户的购买决定会有很大的影响。

在销售活动中，人们谈论最多的，通常是产品的特征、功能和益处。

1. 特征

所谓特征，指的是产品或服务区别于其他产品的某种存在。每一种产品或服务，都会有几个明显的特征。比如，每支钢笔都有一个笔夹，这就是一个特征。

2. 功能

所谓功能，指的是产品或服务能够为客户做些什么。每一种产品或服务都会有几个功能。比如，钢笔笔夹的功能，就是让笔夹夹在衣服或本子上。

3. 益处

所谓益处，指的是产品的特征和功能的优势所在，它们能给客户带来什么。每一种产品或服务，都可能有几个益处。比如，钢笔笔夹的益处，就是防止钢笔丢失。

销售员应该明白，自己并不是在售卖产品，客户也不是单纯地购买产品。他们真正想要的，是产品能给他们带来的益处。销售员只有将产品的真正价值展现在客户面前，客户才会相信销售员的诚意，最终做出购买决定。

参考案例

随着网络技术的迅猛发展，越来越多的公司通过开设微博、微信公众号等来发布公司的相关信息。但是，究竟应该怎样吸引客户的关注？客户又为什么关注公司的公众号？这是公司需要解决的问题。

实际上，许多公司开设这些账号，都只是在做传统模式的单向传播，完全没有在建设品牌个性方面发力，所以根本无法引起客户的关注。要想利用好这些账号，公司应该将它们视作传递信息的重要工具，并尝试借助它们塑造品牌个性。

港华燃气是一家为家庭用户提供生活燃气的大型公用事业公司，在中国拥有上千万的用户。不过，港华燃气的目标并不仅限于此，而是要将公司打造成一个涉及家居方方面面的生活品牌：从室内装饰到家庭用品，从厨房用具到家用电器，从各种食品到小型饰物，港华燃气的目标是全面提升中国家庭的生活素质和品位。

从2016年开始，港华燃气先是在微博上开设了名为"剁手先生"的账号，然后又在微信上开设了"优生活体验馆"的公众号。

这样做并不是为了推销自己公司的产品，而是为了搜集世界上最有生活品位的产品，并将它们介绍给有这方面需求的人。从而打造高品质的企业形象，收获大量的关注者。

通过这种方式，港华燃气向客户和潜在客户传递了与产品有关的信息，让他们了解到什么是生活品位，如何才能过有品位的生活，以及怎样才能得到有品位的产品。在这个过程中，港华燃气认真倾听客户的心声和诉求，并为他们提供最好的解决方案和产品。

港华燃气借助传播产品信息，让客户逐渐认同自己的产品价值，最终赢得了客户，获得了巨大的市场。

案例分析

港华燃气没有像一般企业那样，从一开始就将注意力放在推销自己的产品上，而是通过传递产品的信息，让客户意识到产品具有的价值，进而通过价值赢得客户认可，成功打开了销路。

第九章

附加价值：额外的收获让客户产生更多满足感

在客户的眼中，一件产品的价值不仅体现在实用性、舒适性、安全性等方面，还体现在产品基础功能之外的附加部分。这部分附加价值，是客户额外得到的收获，往往会给他们带来更多的满足感。

给产品和服务"加码"

> 我们所做的每一件事都是为客户服务的，服务是我们业务活动的主题。
>
> ——里奇·波特·

　　一般来说，客户购买产品或服务的目的，是享受它们给自己带来的益处，而且益处多多益善。如果能在产品或服务本身的价值之外，为客户提供一些附加价值，那么客户是非常乐于接受的。

　　杰·亚伯拉罕说："当你完成一笔交易时，这是再多做一笔生意的大好时机，尤其如果客户有很好的理由及利益向你进行包裹式的交易。如果你行事正确，提供真正的价值，有六成的客户会欣然增加交易量。"也就是说，一笔生意做完后，并不意味着销售就已经终结，而是新一轮销售的开始。如果销售员善于抓住契机，给予客户意料之外的收获，那么客户就会成为销售员的忠实客户，为销售员带来长期和更好的业绩。

一位男士走进服装店，选购了一条价值198元的领带。

销售员为他打包时问道："先生，这条领带很漂亮，不知道您打算穿什么样的西服来配它？"

"我家里有一套蓝色的西服。"男士回答。

"我们这里有两款与蓝色西服非常配的领带，您要不要看一下？"销售员边说边拿了两条标价258元的领带。

男士觉得这两条领带也很不错，便决定买下。

之后，销售员又拿出几件与这三条领带相配的衬衫，找到合适的尺码，让男士试穿。

男士觉得衬衫质量不错，恰好又需要买衬衫，于是买了两件。

就这样，男士买了三条领带、两件衬衫。

销售员的贴心推销，不仅不会让客户感觉厌烦，还会让客户产生"销售员考虑很周到"的想法。这是因为，诸如此类的"加码"策略，为客户提供了附加价值，让客户产生了更大的满意度。

当然，运用这一策略的前提条件，是客户对销售员具有充分的信任感。如果销售员不被信任，那么这个策略只会令客户的疑心更重，让客户直接转身离开。

一般来说，"加码"的策略有三种表现形式。

1. 推荐"外围"产品

客户购买某种产品之后，往往也会购买与之相关的"外围"产品，销售员可以推销此类产品。比如，买西服推销袜子，买汽车推销机油，等等。

2. 提供多种选择

客户购买产品的原因多种多样，做出决定的时间有长有短，但是某些影响购买的因素，是完全可以改变的。为客户提供多种选择，客户的目光会更多地被吸引，购买的可能性也会提高。比如，两件衣服9折，三件衣服8折，等等。

3. 增加组合方式

客户购买产品，往往希望便捷而全面，增加组合方式，为客户提供更多套餐，往往能节约客户的选择成本，无形中提升产品的价值。比如，电话套餐更优惠，快餐套餐更便宜，等等。

客户购买产品，确实是为了满足自己的某种需求，但是在这种需求之外，他们也有一些不那么明显的需求，如果销售员能将这些潜在的需求挖掘出来，不仅能让客户得到更完善的产品、更周全的服务，还会让客户从心理上得到更多的满足。面对销售员给自己的意外之喜，客户往往不会拒绝。

赠送礼物，抓住客户的心

> 与其改变消费者固有的想法，不如在消费者已熟悉的想法上去引导消费者。
>
> ——史玉柱

　　做价值销售，销售员首先要想明白一个重要的问题：如今这个市场上，有很多同质化的产品。在品质相当的情况下，客户为什么非要购买你的产品呢？

　　对于成功的销售员来说，这并不是一个很难回答的问题。但是对于普通销售员来说，想要给出答案并非易事。

　　而对于这个问题的解答，恰恰是成功销售员和普通销售员之间出现巨大业绩差距的原因之一。普通销售员往往将关注力放在产品上，认为"产品是最有说服力的"，却忽视了产品之外的东西。成功的销售员不仅会关注产品，还会考虑如何给客户带去更多的附加价值。因为他们知道，很多同质化的产品在品质上已经很难去比较。在这种情况下，附加价值将会对客户的决定产生相当大的影响。试想，谁不愿意花同样的钱，得到更多的利益呢？

叶云燕是平安保险2009年度的销售冠军，她是一个很会利用附加价值去赢得客户的销售员。

2008年，在举世瞩目的北京奥运会前夕，叶云燕得知一个消息：奥运会开幕之前的一段时间里，人们都可以在北京的某家邮局购买并邮寄明信片，明信片送达收件人手中的时间，是奥运会开幕当天。于是，她一下买了1000张明信片，分别寄给了自己的客户。尽管明信片价值有限，但是当客户在奥运会当天收到它的时候，其中蕴含的贴心服务和纪念价值，让客户非常珍视。由此，客户对叶云燕产生了更加深刻的印象，这种关怀和体贴让客户对她产生了更多的信任。

叶云燕能成为销售冠军，并不是偶然，也不是运气，而是因为她很用心地在做销售，很努力地为客户提供更多的附加价值。即便这些东西本身与产品无关，但是一样可以拉近她与客户之间的距离。毕竟，每一种额外的收获，都能给客户带来别样的满足感。

> **想一想：**
>
> 　你会跟客户谈论产品的哪些真实价值？

销售员能给客户提供的东西，不应该只是产品，还应该有产品之外的附加价值。对于客户来说，这部分附加的价值，是免费得到的，所以对他们来说会有更多的吸引力。即便只是一个小小的礼物，也会让客户得到更多的满足感。这并不是夸大其词，而是客户真实存在的心理——"占便宜"心理。

毋庸置疑，这种心理是普遍存在的。给客户一些免费的礼物、赠品等，可以很好地满足客户的这种需求。一旦客户的心理诉求得到满足，他们就会对销售员另眼相看，甚至产生更多的亲切感。

所以说，销售员千万不要忽视礼物的作用，哪怕只是一张小小的明信片，只要赋予它足够的附加价值，就能抓住客户的心，让客户心甘情愿地与销售员建立起长期的合作关系。

交易结束 ≠ 销售完成

> 我相信推销活动真正的开始在成交之后，而不是之前。
>
> ——乔·吉拉德·

对于很多销售员来说，销售只是一项工作而已。所以，当他们完成一次销售之后，便会将客户放置一边，开始着手寻找新的客户，展开新的销售挑战。对于这些销售员来说，他们的客户名单永远处于不断变化之中。虽然他们接触的客户在不断增多，但是业绩并没有显著的提升。

之所以如此，是因为他们只是跟客户做一锤子买卖而已。在不断寻找新客户的过程中，他们耗费了大量的时间、精力，却无法得到理想的销售成果。有的时候，他们觉得很困惑，自己明明已经很努力地开发市场和客户了，为什么始终无法得到理想的业绩

想一想：

交易达成之后，你会急着寻找新客户吗？

呢？实际上，其中的原因很简单，即他们选错了销售方法，即便很努力，但是方向错了，结果导致做了很多无用功。实际上，销售员可以选择一种省时省力的销售方法，那就是用售后服务抓住客户的心，让客户不断重复购买产品。

关于售后服务，博恩·崔西这样说："售后你要不时地询问客户，问客户产品的使用效果，问客户还需要什么服务，问客户是否满意自己的产品，这样客户才会认为你是真正地关注他，那么他也会在下次购买产品时首先想到你。"在他看来，销售员不仅要抓住一切机会去发掘更多的新客户，还要确保老客户不会流失。而能不能留住老客户，则要看销售员的服务质量到底是什么水平。

在销售活动中，销售员和客户之间不应该只是简单的买卖关系，而应该建立起比较亲密的感情关系。为了与客户建立长期合作的关系，销售员应该做好以下六个方面的工作。

（1）交易达成之后，及时给客户寄一封感谢信，与客户确认收货日期，并对他购买产品表示感激。

（2）询问客户的真实使用体验，并为客户提供更多的优质服务。

（3）在客户的生日或重要节日来临之前，给客户寄一张贺卡。

（4）产品更新换代或某项功能进行升级时，及时将相关信息告知客户。

（5）产品保修期到期之前，告知客户及时进行最后一次免费检查。

（6）到外地做销售时，顺便拜访当地已经购买产品的客户。

对于销售员来说，一锤子买卖永远都无法得到忠诚的客户，也无法赢得回头客。要知道，客户购买的不仅是产品，还有产品附带的客户服务。在销售产品的过程中，销售员要提供优质的服务；交易达成之后，销售员同样要继续为客户服务。这样，销售员才能与客户建立起长期的合作关系。

销售员应该明白，每一次销售活动的结束都不是终点，而是新一轮销售活动的起点。每一次销售活动，都是一个连续不断的过程，只有给客户带去优质的产品和售后服务，让客户不断回头购买，才能让销售持续进行下去，为销售员带来更多的业绩。

所以说，销售员不应该将交易结束视作销售完成，而应将其视作新的销售起点。时刻牢记"你忘记客户，客户也会忘记你"这条真理，尽全力做好售后服务工作，才能赢得越来越多的回头客。

及时跟踪回访，人走茶不能凉

生意兴隆、客户源源不绝的秘诀，就是经常跟重要的人做有意义的沟通。

——杰·亚伯拉罕·

在销售活动中，很多销售员在辛辛苦苦说服客户购买产品之后，就觉得完成了自己的工作，或是认为终于可以放松一下紧张的神经，以至于忽视了回访工作。殊不知，在销售工作中，定期回访客户是销售员不可或缺的重要工作之一。

如果销售员不懂得做好回访工作，那么客户就会源源不断地流失，重复购买率自然也不会很高。也就是说，销售员千辛万苦争取来的客户，却没有好好地加以维护，这样导致他们的业绩难以提升。

许多销售实例已经证明，及

想一想：

你平时是如何为客户做回访服务的？

时进行回访对延续和拓展销售工作有非常重要的意义。说起其中的原因，其实非常简单。销售员和客户持续沟通的过程中，彼此的感情会变得越来越深厚，客户对销售员会产生更多的信任。随着双方的关系变得越来越稳固，销售员能够从客户那里得到的潜在客户资源也越来越多，从而有可能获得越来越多的销售机会。

在销售活动中，回访客户的方式并不只有一种，销售员可以按照客户的实际需求和自己的实际情况，采取比较适合的方式。但是一般来说，销售员常用的回访途径有电话回访、上门回访、信函回访等。

柴田和子从1979年开始，连续14年获得日本保险销售冠军。很多人觉得这是一个奇迹，对柴田和子来说却并非如此，她之所以取得这样的成就，与她坚持做好回访工作有着密不可分的关系。

柴田和子有一个很好的习惯，那就是时常去拜访自己的老客户，而且，她每次到客户的公司去拜访时，总会顺便买几盒寿司带上。到了客户的公司之后，不管遇到的是谁，她都会充满热忱、非常礼貌地和对方打招呼，之后才说明自己的来意。每一个看到柴田和子的公司职员，都能亲身体会到她的优质服务，所以很多人都愿意从她那里购买保险。

柴田和子始终将老客户放在自己心里，总愿意花费一些时间和精力到老客户家里或者公司里去拜访。虽然这样做损失了一些寻找新客户的时间和机会，但是与老客户的沟通和交流，让客户真切地感受到了温暖，所以他们对柴田和子的信任和忠诚都有所增加。

一旦他们想要为自己或家人购买产品时，第一个想到的就是柴田和子。通过及时的跟踪回访，柴田和子很好地维护了自己与老客户间的关系，以极小的成本获得了更多的潜在客户和销售业绩。

作为一位著名的汽车推销员，乔·吉拉德一直对"250法则"推崇有加。这个法则是：平均起来，每一位客户的身边，都有250位潜在客户。也就是说，只要销售员拥有了一位客户，那就意味着拥有了250位潜在的客户。如果销售员能维护好这位客户，他就会为销售员带来源源不断的潜在客户，其中蕴含的附带销售机会，更可能数倍于此。所以，销售员必须做好客户的回访工作，及时、热情地拜访自己的老客户。回访客户时，有些技巧是非常实用且有效的，销售员应该认真学习和努力掌握。

（1）一般来说，销售员可以和老客户持续保持联系，并时常到家里拜访，同时随身携带公司新产品的资料，争取赢得回头客。

（2）销售员可以到老客户的公司等公共场合去拜访，增加接触潜在客户的机会，为构建自己的人脉网络奠定基础。

（3）销售员回访客户的时候，一定要注意把控时间，不能让客户明显地感受到自己的目的，也不能占用客户过多的时间。

销售员应该都听过这样一句话，叫作"回访路上有黄金"。这就告诉销售员，回访客户能给自己带来超乎想象的利益和业绩，所以，销售员应该将这项工作放在重要的位置，时刻提醒自己不要疏忽或忘记。

　　在任何一个销售行业中，售后服务的重要性都是不言而喻的。而作为售后服务的重要组成部分，回访客户显然是销售员工作的重要内容之一。通过积极有效的回访，销售员可以挖掘客户的需求，拉近与客户的关系，让彼此之间的感情变得更加深厚，从而打造稳固的合作关系。回访老客户，并不需要花费过多的时间和精力，但是能收到意料之外的良好效果，对于销售员来说，这是一件一举多得的事情。

暖心关怀，小投资换来大回报

> 如果我们的服务让客户满意了，客户也会为我们服务的。
>
> ——弗兰克·贝特格

　　客户愿意购买一款产品，看中的并不只是它的实用价值，还有它背后隐藏着的附加价值。在同质化产品众多，难以通过品质赢得客户的情况下，附加价值对客户有更大的吸引力。在诸多附加价值之中，高质量的售后服务是能够打动客户的重要因素之一。

　　对于销售员来说，在适当的时间和地点，给予客户暖心的关怀，是售后服务的重要组成部分。这样做，不仅能表达自己的关怀之意，还能赢得客户的信任，让客户心生感动。一旦客户对销售员产生了信任和依赖，他就会成为销售员的忠实客户。他不仅会自己从销售员那里购买产品，还会为销售员带来更多的潜在客户。

> **想一想：**
>
> 　　你会以怎样的方式去关怀客户？

这样的销售效果，想必是很多销售员梦寐以求的。

一般而言，销售员可以从以下三个方面表达对客户的关怀。

（1）站在客户的立场上，说一句能够触及客户内心深处的话，让客户知道销售员与他感同身受。

（2）平常多和客户联络，通过点滴小事让客户感受到销售员的关怀和良苦用心。

（3）多多留心，搜集一些和客户有密切关系的信息、资料等，在客户需要帮助的时候，及时伸出援手，让客户记得销售员的好。

在售后服务工作中，能让客户满意度激升的事情并不是销售员都在做的工作范围内的事情，而是一些超出销售员职责范围和客户期望的事。额外的益处，是对客户的额外回报，是给客户的意外惊喜，有这样的附加价值，客户自然会满心欢喜。

陈明利是新加坡的保险销售冠军，在保险业可谓声名赫赫，是一个标杆般的存在。

一天，陈明利知道了一个消息：自己的一个客户因为生病住进了医院。于是，她购买了鲜花、补品等，以最快的速度给客户送了过去，以表达关怀之情。

客户被陈明利的举动深深感动，所以立刻表达了增加保额的意愿。不仅如此，和客户同住一间病房的病友看到陈明利如此关心客户，也都大受感动，很快便与陈明利取得联系，与她签订了大额保单。

投桃报李，礼尚往来，这是人之常情。无论彼此之间是什么关系，这种感情的互换都是共通的，当销售员对客户表现出至真至诚的关怀时，客户的心里会暖暖的。这种感动带来的积极影响，就是促使客户对销售员做出相应的回报。而最直接的回报方式，便是和销售员建立更加亲密的关系，并从销售员那里购买产品。不仅如此，有些客户甚至会向身边的亲戚、朋友推荐销售员，为销售员的业务拓展贡献一份力量。

销售员只是对客户表达一下关怀之意，就有可能赢得客户的忠诚，还有可能提升自己的业绩并拓展人脉关系，真可谓一举多得。也就是说，只要销售员能够感动客户，那么无论客户做出什么举动，最终对销售员都是有利的。对于销售员来说，这绝对是一种投资小、回报大的情感维系方式。

当然，销售员一定要注意，关怀也是有度的。对于客户的私事和私生活，销售员无须表现得过于关心，以免不小心触及客户的个人隐私，或是带来某些误会和麻烦，以致引来客户的反感。

参考案例

随着互联网技术的迅猛发展，消费者对软件公司的要求也越来越高。对于软件公司而言，只有给予消费者超出预期的消费体验，让他们从内心深处感受到物超所值带来的满足感和幸福感，才能牢牢抓住消费者的眼球。

1998年，马化腾创立腾讯。这些年来，腾讯公司之所以能够一直屹立不倒，就在于在关键时刻，他们总能推出一些让消费者难以拒绝的产品。

第一个关键期：1999年。QQ面世初期，与ICQ等即时通信软件有过激烈的竞争，能够成功脱颖而出的原因，是马化腾推出了卡通头像。

QQ刚刚面世时，上网聊天的人并不多，在网上结识的通常都是陌生人，好奇心会驱使人们去想象在网络中与自己聊天的人具体是个什么形象，而卡通头像的出现，正好为QQ用户构建了一个具体的形象，满足了人们的猎奇心理。

第二个关键期：2003年。腾讯创立之初，主要的收入来源是中国移动的增值业务，马化腾为了摆脱对中国移动的依赖，也为了给消费者更好的体验，于是果断推出了QQ秀。

QQ秀是一种会员服务，消费者开通会员功能之后，能够得到相应的特权，不但等级提升的速度更快，名字也会排在好友的前面，这会让拥有QQ秀的用户觉得自己很有面子。

第三个关键期：2004年。彼时，各种网络游戏异常火爆，腾讯紧跟潮流，推出了一款网络游戏——《凯旋》，结果铩羽而归。但是，腾讯并没有就此放弃，而是依据消费者的兴趣，推出了一款棋牌类游戏——《斗地主》。

第四个关键期：2005年。Web 2.0横空出世之后，市场上出现了许多新的杀手级应用，为了满足消费者展示和储存照片的需求，腾讯推出了QQ相册，它不仅满足了消费者的欲望，也将竞争对手51.com挤到失败的境地。

第五个关键期：2011年。移动互联网喷薄而出，BAT也面临生死考验。为了应对这种局面，腾讯在对市场进行充分调研之后，推出了一款风靡全球的产品——微信。

实际上，在2011年前后，市场上先后出现过二三十个与微信类似的产品，但是那些产品都没有成功，唯独微信深受消费者的喜爱。究其原因，微信创始人张小龙说："因为用户没有感觉到爽。很多大公司能够过'技术'这一关，但它们缺乏的是艺术，缺乏的是哲学层面上的思考。"

案例分析

腾讯之所以能够长盛不衰，与其关注客户价值不无关系。想客户之所想，甚至在客户尚未想到之前便为客户做好打算和方案，往往能让客户得到更多的附加价值，由此客户对销售员的认可度及信任度会有很大的提升。

第十章

不同的客户群体，价值需求亦有所不同

每种类型的客户，都有其独特的价值需求。只有了解他们的真实需求，为他们推荐符合他们价值需求的产品，才能打动客户，赢得客户。如果销售员向客户推销了背离其需求的产品，那么最终只有失败这一条路。

节俭型客户：每一分钱都要花在刀刃上

> 你只要赶走一个客户，就等于赶走了潜在的250个客户。
>
> ——乔·吉拉德

如今，人们的各种压力剧增，生活成本居高不下，在收入有限的情况下，人们自然希望将每一分钱都花在刀刃上。

客户有节俭的心理，这无可厚非。在销售实践中，销售员也总能遇到一些非常节俭的客户，他们不但不舍得购买价格昂贵的产品，还对自己中意的产品挑三拣四。之所以做出如此举动，是因为他们想压低产品价格，以最划算的方式买到心仪的产品。

一旦知道了这类客户的心理，销售员就应该在面对他们时保持好心态，不要因为他们砍价或挑剔而失去耐心。要知道，无论什么样的客户，都是"上帝"，只要销售员掌握"上帝"的特点，

想一想：

你会如何接待节俭型客户？

有针对性地进行推销，客户就会心甘情愿地掏腰包。

在销售工作中，相信每个销售员都遇到过几位节俭型客户。
"他们不仅会算计，还不停地讨价还价，买产品就像买菜一样，挑
挑拣拣不说，还没完没了地嫌东西贵"，这种感觉是很多销售员在
接待节俭型客户时的共同感受。

在某些销售员看来，即便将产品白送给这类客户，这类客户
还是会嫌弃服务不到位。销售员产生这种看法，显然是受到了客户
的影响。对于销售员而言，如果自己的心理因客户的表现而产生波
动，这着着实实是一大忌讳。销售员要想成功销售，应该通过自己
的言行去影响和引导客户，而不是被客户影响，因为这明显与自己
的初衷背道而驰。在这种情况下，销售员要想成功销售，简直是痴
人说梦。

面对这类客户，销售员更应该保持平稳的心态，只有先控制好
自己的情绪，才有可能控制好客户的思路。一般而言，销售员需要
做好以下几项工作。

1. 挖掘客户的兴趣点

这类客户不是不愿意花钱，只是希望每一分钱都能体现其价
值，只要销售员能够找到他们的兴趣点，让他们感觉物有所值，他
们往往就会选择购买。

2. 给客户制造紧迫感

当产品确实已经没有降价空间时，可以告知客户"这已经是市场最低价了，您不信的话可以自己去调查"。当销售员主动让客户去调查时，客户就会产生紧迫感，并对自己的想法产生怀疑。

3. 强调产品价值

产品价值是影响客户购买的关键因素之一，当客户纠结于价格时，销售员不妨介绍产品的特征和价值所在，让客户看到自己投入的金钱能够得到什么高额的回报。帮客户搞清楚价格的差别不是钱，而是产品的回报率。

4. 分多次推销

当客户在价格上表现得非常强硬时，销售员可以试着分阶段地展开推销工作，每一次推销往前推进一点点，每次完成一个阶段性的任务，化整为零，降低客户对价格的敏感度。

对于节俭型客户来说，花钱购买产品并不是他们纠结的关键，关键是他们希望自己花的每一分钱都能物有所值。毕竟，每个人的钱都是辛辛苦苦挣来的，没人愿意让自己的血汗钱打水漂。

所以，销售员应该把握节俭型客户的这种心理需求，让客户感觉到钱花对了地方，那么离销售成功也就不远了。

虚荣型客户：被人赞美是最大的心理满足

> 在销售展示中，你除了做好事前准备好让客户能做决定外，同样的，还要让客户觉得他自己很重要。你可以通过满足潜在客户的自尊心或虚荣心来达到此目的。
>
> ——乔·吉拉德

人类普遍具有希望得到他人认可的欲望，而赞美正好能够满足人类的这种欲望，因此，赞美是这个世界上最好听的声音，无论是谁，面对赞美的声音都会失去一定的抵抗力。

把这一点用在销售中，一样可以起到促进销售的作用，毕竟客户也喜欢被称赞。当销售员巧妙地对客户加以赞美时，客户往往会变得心情愉悦，销售员的建议他们也更加愿意倾听和接受。

从某种角度上说，赞美是一种几乎没有风险，但回报率却极高的投资。巧妙地赞美客户，客户会很受用，进而可以拉近彼此的心理距离，增加彼此之间的亲近感。

一位身材高挑的女士走进一家服装店，试穿了很多漂亮的衣服，却总是觉得不满意。

销售员注意到，这位女士可能是因为个子太高，所以走路时稍微有点儿驼背，这让她穿起衣服来总是不那么挺拔。于是，销售员挑选了一件长裙，边递给女士边说："您的身材这么好，长得又这么漂亮，穿什么衣服都好看。"

听到销售员的赞美之后，女士的精神为之一振，身形也变得挺拔起来。等她换好裙子出来照镜子的时候，她突然觉得这条裙子太适合她了。

这时，销售员又说："您穿上这条裙子就更漂亮了，这条裙子简直像是为您量身定制的。"

女士看着自己曼妙的身姿，决定买下这条裙子。

每个人都有一定的虚荣心理，一旦这种心理得到了满足，理所当然地就会对赞美自己的人产生好感。在互相欣赏的氛围中，沟通自然就会变得简单起来。

当然，并不是所有的赞美都会让客户感觉舒适。也就是说，赞美也要遵循一定的原则，即必须适当，而不能过度。关于这一点，查斯特·菲尔德爵士进行过非常精辟的论述："赞美的话并不一定都能起到良好的效果，也可能因为场合或是时机不对而产生不良的效果。与其那样，倒不如什么都不说的好。"

事实确实如此，虽然赞美能够拉近与客户之间的距离，推动销

售更加有效地展开，但是想要做好却并非易事。想要给予客户恰如其分的赞美，就要多多挖掘对方的相关信息，搞清楚对方的喜

好和特长。只有做到知己知彼，才能有的放矢地进行赞美，令销售沟通变得更加融洽。如果销售员只是盲目地赞美客户，而无法抵达客户的内心深处，就只会让客户觉得销售员虚伪和做作。身为销售员，一定要记住一点：只有源自内心、真情实意的赞美，才能触动客户，进而达到预想的沟通效果。

与客户沟通的过程中，适当地加入一些赞美的话语，往往能够引起客户更多的关注，从而提升沟通的效率。赞美真的有这么神奇的功效吗？很多销售员也许觉得这有些夸大其词，但是仔细想想其中的原因，就会发现：适当的赞美是一种发自内心的真情实感，对方听到之后，能够感受到你的真诚，对你产生一种亲切感，从而会对你所说的内容更加关注，更愿意听你讲下去。

实际上，赞美并不需要过于华丽的辞藻来修饰，只要是真心实意的，即便只是几个字或是一个眼神，都能让客户体会到被赞美的心理满足感。善于赞美的销售员，往往能在细节中观察到客户的优点，并通过自己的言语巧妙地表达赞美之意，使赞美之词显得真实、自然，让客户在愉快地接受赞美的同时，对自己也产生比较好的印象。

谨慎型客户：加倍小心，方可驶得万年船

> 当客户在面临选择而拿不定主意时，作为推销员，你的义务是向他推荐两种各方面差不多的商品并将其各自的优缺点予以说明，而不是替他做决定。
>
> —— 河濑和幸

对于任何一个客户来说，购买一件产品从来都不是一件容易的事。要考虑自己的喜好、产品的实用性、额外价值等，所以客户谨慎的表现是完全可以理解的。但是，如果客户一直表现得小心谨慎，那么销售员就要采取一定的措施，促使客户做出购买决定。

对于销售员来说，谨慎型客户其实是非常理想的合作伙伴。他们在做出购买决定之前，往往会进行详细的询问，唯恐有什么疏漏，导致自己吃亏上当。正是因为客户的这种心理，所以他们会对销售员的话格外关注，有不懂的地方总会积极地询问，这样的沟通对销售员来说其实是更加有效的。

谨慎型客户的心思相对细腻一些，但是疑心也很大，任何一点让人不安心的事情，都会被他们仔细加以考虑，所以他们做出决定的速度相对慢一些。这类客户给人的感觉是，极度谨慎和理智，对于产品，他们常常表现出过度的挑剔。对于销售员和厂家的可

> **想一想：**
>
> 你会如何应对谨慎型客户？

信度，他们会非常在意。即便沟通的时候，也会小心翼翼，唯恐出现什么问题。

谨慎型客户的这些心理特征，决定了他们的购买行为。他们购买产品的时候，往往会慢条斯理，生怕上当。这类客户都很精明，但是精明的方式不尽相同。通常来说，可以把他们分成两类。

1. 尽职尽责型

这种客户很喜欢观察细节，并以自己的观察结果对销售员做出判断。销售员将产品介绍得越细致，他们就越高兴，对销售员的信任也就越多。

面对这种客户时，销售员最好先对他们进行深入的了解，尽可能把握他们的心理，发现他们的真实需求，给予他们较多的安全感，以此达到打动他们的目的。

2. 坚持执着型

这种客户做事时认真仔细，而且很执着。他们通常不愿和道德

水准较低的人交往，所以对销售员的素质要求较高。除了安全感之外，他们还需要比较宽松的环境来做出决定。

面对这种客户时，销售员千万不要给他们过大的压力，不能逼迫他们立即做出决定。销售员应该慢慢引导，以便促成最后的签单。

与谨慎型客户打交道时，销售员可以按照客户的思维方式，尽量把自己想表达的内容说清楚，并且可以在表述中融入一些专业术语、实例等，增强话语的说服力。当销售员凭借自己的能力赢得客户的信任之后，这类客户就能成为销售员的忠诚客户，让销售员后续的销售工作变得简单起来。

好辩型客户：优越感是一生孜孜不倦的追求

> 在我的房地产销售生涯初期，我得到这样一个教训：推销人员永远都不要歧视任何一个潜在客户。
>
> —— 汤姆·霍普金斯·

在销售实践中，相信很多销售员都遇到过喜欢争辩的客户。销售员说东，客户偏要说西；销售员说南，客户偏要说北。似乎和销售员争辩并赢得胜利，是客户最大的享受，因为这样能够彰显他们的能力和才智。

一般来说，这种类型的客户会跟销售员讲道理，希望能够以理服人。他们很少自以为是，却会固执己见。即便明知自己是错的，他们依然会坚持争辩；即便辩论失败了，嘴上还是不服输。

作为销售员，应该掌握此类客户的心理特点，当客户有争辩

想一想：

面对喜欢争辩的客户时，你会怎么做？

的意图时，尽量避免与其正面发生争辩。销售工作的目的是把产品卖出去，而不是计较谁赢谁输。如果销售员非要和客户争个高低，那么最终的结果只有一个，那就是客户选择离开，销售工作以失败告终。

真正的销售高手，不仅能从客户的言论中发现他们的心理，也能根据不同客户的诉求，为他们提供契合自身价值的产品。要想成功地与好辩型客户达成交易，销售员需要做好以下四个方面的工作。

1. 耐心倾听

客户购买产品，是为了满足自己的需求，获得相应的利益，所以对产品有质疑或是想要表达自己的观点也无可厚非。销售员应该耐心倾听客户的话，尽量避免争执。如此，不仅能让客户放平心态，也能了解客户的真实心理。

2. 诚恳接受

客户提出问题，销售员不仅要及时给予解答，还要保持诚恳的态度。当客户看到销售员露出诚恳的表情时，就会对销售员产生良好的印象。

3. 将心比心

面对客户的疑问，销售员应该将心比心地想一想，如果自己是客户，是不是也会对将要购买的产品充满疑惑，是不是也想得到销售员更多的保证。如果答案是肯定的，那么销售员该做的就不是与客户争辩，而是积极地为客户解决问题。

4. 逆向思维

客户对产品提出疑问，并不意味着他不想购买。所谓"嫌货才是买货人"，客户就是想买才会选择争辩，希望以此证明自己的选择和观点都是正确的。

不和好辩型客户争辩，让他们尽情抒发心中的情感，这会让他们得到巨大的成就感。当他们觉得自己赢了销售员时，这种心理的满足感就会让他们暂时放松警惕，借着这个机会，销售员就可以进入客户的内心世界，从而为销售成功奠定坚实的基础。

数字敏感型客户：对数字充满热情

> 如果我卖车的数量超过任何人，那一定是因为我知道如何报出低价。
>
> ——乔·吉拉德·

　　在每个销售员的客户中，总有几个对数字非常敏感的人，在他们的意识中，数字是关键的东西。只要他们听到或看到数字，马上就会表现出极大的热情。销售员要想深入了解这类客户的心理预期，甚至说服他们购买产品，最好的办法就是给他们算算经济账，让他们切切实实地看到利益和价值。那么，究竟应该怎么给这样的客户算账？怎么算才能达到理想的效果？这是一门极为深奥的学问。

　　有的时候，销售员长篇大论地向客户介绍产品的特点和优势，几乎把产品的所有细节都展示在客户面前，但是数字敏感型客户并没有给出什么积极反馈。这就说明，并不是销售员不够积极和努力，而是销售员用错了方法，导致做了很多无用功。如果销售员所做的工作没能打动客户，那么他所做的一切就没有任何的意义。所以说，要想说服客户购买产品，首先就要判断客户的类型，抓住他们的心理。对于数字敏感型客户来说，最好的说服方法就是为他们计算利益得失，通过直观的数字来展现产品的特点和优势。

利用数据来展现产品的特点和优势时，销售员要根据不同的产品采取不同的计算方法，而且要尽量使用准确的数据，以提高数据的说服力。准确的数据是真实情况的最好反映，能给客户

> **想一想：**
>
> 　　你会怎样利用数据来说服数字敏感型客户？

带来最直接震撼的感受，尤其能给数字敏感型客户带来巨大的心理冲击。

在运用数据"武器"时，要注意掌握有利的时机。当客户对产品的利益或价值产生疑问时，用精确的数据将客户的获利情况展现在他面前，这种说服力是最强的，说服效果是最好的。而且，借助数据说服的方法也不是任何时候都能用，在运用的时候要注意把握分寸。毕竟客户对产品的了解远不如销售员那么深刻，如果将大量的数据堆砌在一起，客户就很难在短时间内理清头绪。一旦客户产生厌烦心理，他们就很可能对产品失去兴趣，进而终止交易进程。那么，销售员到底应该怎么做，才算是比较稳妥和有效呢？

1. 把精确数据摆在客户面前

当客户对产品价格或价值产生疑问时，销售员可以将市场上

同类产品的价格、用户数量、产品的销量及市场占有率等精确数据一一摆在客户面前，让客户一目了然，搞清楚自己能从产品中得到怎样的利益，进而迅速做出决定。

2. 使用最新的数据

只有使用真实可靠的数据，才能赢得客户的信任，让说服变得无懈可击。所以说，销售员在给客户展示数据时，一定要用最新的，越新的数据，越能吊起客户的胃口，越能证明产品的热度。

3. 数据要简单明了

虽然这类客户对数字非常敏感，但是这并不意味着他们能够理解大量的复杂数据。毕竟人的脑容量是有限的，能够处理的数据和信息也非常有限，想让客户在短时间内接收大量的产品信息，这显然是难以实现的。如果数据过于复杂，可能会让客户越看越糊涂。

当然，在使用数据的过程中，一定要确保数字的准确性和真实性，并尽量简化数据，让客户更容易理解和接受。只有这样，数据才更有说服力，客户才更愿意被说服。

总而言之，在说服数字敏感型客户的过程中，数据的作用是显而易见的。对于这类客户来说，数据是最有说服力、最能触动他们敏感神经的东西。销售员只要掌握了这一点，说服数字敏感型客户就不是什么难事。

将信将疑型客户：信任的前提是消除顾虑

> 把"来寻开心的客人"这句话从你的脑海中去除，因为只要你心中具有这种想法，你就无法全力从事推销工作。
>
> ——乔·吉拉德

在很多将信将疑型客户的意识中，销售员就是一群靠"三寸不烂之舌"生存的人，如果轻易相信他们的话，就很有可能被他们蒙骗。所以，这些客户往往对销售员的话将信将疑。

面对将信将疑型客户的怀疑，许多销售员表现得无所适从或是束手无策，还有一部分销售员会针锋相对地否定客户的意见，希望说服客户相信自己的推荐。从实际效果上说，这种做法是不妥的，无法赢得客户的认可。

销售员如果能站在客户的角度上思考，就会发现，当一个陌生人站在自己的面前时，谁都会怀有戒备心理，难以轻易放下戒备心，更何况对方是一个让自己花钱购买产品的人呢？所以说，销售员应该明白，将信将疑型客户对自己有所怀疑是人之常情，销售员不仅要给予充分的理解，还要对此表现出平和的心态，不要被客户的怀疑吓倒。

如果销售员能以积极的心态去看待客户的怀疑，那么对客户的

想一想：

你会怎么处理将信将疑型客户的质疑？

态度就会有完全不同的解读。客户能够提出质疑，恰恰说明他在认真倾听销售员所说的话，并对此有一定的思考。

假如客户只是抱着你说什么与我无关的态度与销售员交流，那么销售员确实是不会陷入被质疑的境地，但是想要说服客户签下订单简直是难上加难。因为客户完全不听，就说明他没有购买的意愿，无论销售员说什么，他们都会不为所动。从这个角度去想的话，销售员就该明白，那些将信将疑型的客户，其实更有可能签下订单。

面对这种类型的客户，销售员完全没有必要感到担忧，只要能将客户的疑虑消除，相信客户就会选择与销售员进行交易。要知道，自信心越强的销售员，说话越有底气，而气场越强大，越能给客户带来信赖感。在销售工作中，销售员应该不断增强自信，以此给客户带来更强烈的信任感。

1. 充满信心地介绍产品

自信是销售员应该具备的基本素质之一，越是自信的销售员，

越有巨大的人格魅力，客户也更愿意将信任票投给这样的销售员。对于销售员来说，自信的源泉有以下四个。

（1）完全了解、热爱自己的产品，相信自己的产品是最好的。

（2）对客户可能提出的所有拒绝都做出相应的准备，做到胸有成竹。

（3）确信自己的产品或服务是客户最佳、最恰当的选择。

（4）将销售过程中可能用到的所有产品都准备好，确保有备无患。

2. 实话实说地介绍产品

介绍产品的时候，要做到实事求是，不故意夸大产品的优势和功能，根据客户的实际需求，为客户介绍和推荐最符合他们需求的产品，并为他们解答关于产品的所有疑问，让他们信赖自己的推荐，从而下定决心购买产品。

3. 着重介绍公司实力

将信将疑型客户对产品和销售员有所怀疑，往往是因为他们对产品的实际价值了解不多，对产品的质量等方面也有所担忧。如果销售员能向客户展示公司的实力，让客户看到产品在市场上的反馈，那么客户的怀疑将会减少许多。

许多销售实例已经证明，销售员的销售业绩与其可靠程度是成正比的。越是让客户信任的销售员，越能赢得较多的订单。值得客户信任的销售员，即使没有良好的口才，也能事半功倍；不值得客户信任的销售员，即使能说会道，也会事倍功半。

面对将信将疑型的客户，虽然赢得他们的信任并非易事，但是销售员只要能够让他们感受到自己的真诚，那么这类客户就会逐渐对销售员产生信赖感。

干脆利落型客户：期待简单、高效的推销方式

> 很多时候，你和客户见面不到30秒钟就被赶了出来，这
> 在很大程度上是因为你的话根本无法引起客户的丝毫兴趣。

——博恩·崔西

在销售员身边，有这样一类客户，他们性格率真，做事干脆利落，很讨厌拖泥带水。和这样的客户谈生意，如果销售员想循序渐进地和他们交谈，那就是自讨苦吃。

对于干脆利落型客户来说，直入主题的销售方式更让他们喜欢。销售员简单明了的推销语言，会更容易被这一类型的客户接受。既然如此，销售员不妨言简意赅地介绍产品，并说明客户应该购买的理由，然后给客户留出时间，让他们自己决定要不要购买。

令人遗憾的是，很多销售

想一想：

你应该怎么打动干脆利落型客户？

8

员并没有意识到这一点，总以为对所有客户都能采取死缠烂打的方式，而且这种方式能够起到非常好的作用。殊不知，这种方式让干脆利落型客户倍感厌烦，对销售员也充满了反感甚至敌意。

虽然每种产品都有不同的特点和优势，但是并不意味着销售员非得长篇大论地进行阐述，才能把所有信息描述清楚。销售员应该根据此类客户的特点，灵活展开工作，尽量以简单、合理的方式介绍自己推销的产品。

通常来说，销售员应该从以下几个方面入手：

1. 挖掘主要需求

观察客户，初步识别客户的层次、需求等，在倾听客户观点的基础上，去挖掘和了解客户的主要需求，以便为他们提供合适的产品。

2. 将产品形象化、生动化

许多销售实例已经证明，客户对形象化、生动化的产品更感兴趣，更愿意花钱购买。具体说来，销售员需要对自己推销的产品有充分的了解，进而巧妙地将产品的特点进行形象化、生动化的包装。

3. 突出产品的卖点

每一款产品都有其独特的卖点，突出介绍卖点，能够更加有效地吸引客户的关注。销售员只有通过有效的手段说明产品的卖点，才有可能将产品销售出去。

在销售过程中，简单、合理的产品介绍能让干脆利落型客户在短时间内对产品的材质、特点、优势等产生初步的认识。有了这样的基础，客户就会根据自己的实际需求去决定是否需要购买。这种方式对客户和销售员来说都是节约时间、提升交易效率的极好选择。

用这种方式介绍产品，满足了干脆利落型客户的心理需求，不仅表现出销售员对这类客户的尊重，也能体现出销售员积极负责的工作态度，让销售员更容易赢得客户的好感和信任，对交易的最终达成具有促进作用。

参考案例

随着科学技术的不断发展和进步，智能手机已经成为许多消费者的日常装备。在这种形势的带动下，中国国内的手机生产商纷纷投身智能手机制造领域。随着越来越多的企业投身智能手机界，智能手机市场的竞争也越来越激烈。

但是，由于各厂商掌握的智能手机技术相差无几，所以智能手机市场的同质化非常严重。无论是从硬件设置方面，还是从内部系统方面，各家的产品差异性都不大。面对这样的局面，将市场更加细化，为消费者提供针对性更强的产品和服务的生产方针，将会给手机厂商带来巨大的帮助。

信息时代的悄然降临，不仅让信息传播速度有所提升，传播范围有所扩展，信息的准确性也有了大幅提高。消费者对产品信息的了解越来越多，信息的不对称性现象逐渐淡化，即使只是非常小众的一款产品，也有可能赢得数量庞大的消费者。

在这场不见硝烟的战斗中，魅族手机走在了市场前列，赢得了生存和发展的机会。尤其是魅蓝系列手机，更是在激烈的市场竞争中为自己赢得了一席之地。那么，魅族是如何在激烈的竞争中突破自我，打造出数款赢得消费者认可的手机的呢？

1. 追求精益求精

魅族科技在不断进取的道路上，始终对品质保持着理性和坚持的态度。一直以来，魅族科技都将工匠精神贯穿于企业的发展之中，对品质有着执着而坚定的追求。

在产品品质和技术方面的要求，魅族科技始终希望员工能够做到最好，哪怕努力的结果对产品只有0.01%的提升，他们也愿意为此付出所有。在魅族科技为消费者生产的所有优质产品中，魅蓝Note 3是非常典型的一款。

就外观而言，魅蓝Note 3采用了金属机身，机身弧线近乎完美，经过喷砂工艺处理之后，手感舒适度得到了大大提升。

在产品功能方面，魅蓝Note 3也具有很强的竞争力。

除此之外，魅蓝Note 3在网络配置、续航能力、系统应用等方面，也追求较高的品质。

2. 打造适合年轻人的手机

2014年2月，黄章正式回归魅族科技。对于喜欢智能手机的年轻人来说，这是一个好消息。

在此之后，魅族科技彻底放弃了之前坚持的"高冷"路线，转而向亲民化发展，着力为年轻人量身打造魅蓝系列手机。

在黄章回归之后、魅蓝手机问世之前的这段时间里，市场上已经出现许多千元级别的智能手机，但是并没有一款专门为年轻群体设计的高品质手机。魅蓝Note的出现，恰恰填补了这个空白，它不仅是魅族科技的第一款千元级别的手机，更是第一款为青年群体量身打造的手机。

魅族科技将为年轻人量身打造优质手机视作终极追求，这也是魅族科技长期发展的目标所在。每一款手机的研发，都要在价格、品质等方面进行充分调研，争取为年轻人带来最好的消费和使用体验。

魅蓝Note上市时的价格是999元，尽管比主要竞争对手红米Note贵了100元，但是在设计方面，它采用了与iPhone 5c相同的工艺，这让它成了千元级别手机中的精品。

正是因为魅族科技找好了定位，坚持为年轻人带来优质的消费体验，这才让魅蓝手机深受年轻人的推崇。

3. 采用博人眼球的营销方式

年轻人喜欢新潮、刺激的消费体验，魅族科技在充分了解年轻消费者真实的需求之后，以这些需求作为中心，再辅以博人眼球的营销方式，给年轻消费群体带来不一样的感受。比如，京东2016年度"618"大促之前，魅族科技就提前告知消费者：在6月18日当天，魅蓝Note 3将无限量低价销售；部分魅族手机以61.8元的低价出售；等等。

　　在种种营销噱头的加持之下，魅蓝Note 3很快就受到青年消费者的欢迎，成为许多消费者抢购的目标。

案例分析

　　在互联网时代，信息碎片化的情况越发显著，能给消费者留下深刻印象的，往往并不是那些大而全的产品，而是一些精致、细化的单品。魅族科技抓住年轻消费者这一群体的主要需求，为他们量身打造了魅蓝系列手机，进而赢得这些消费者的认可。

未来的销售，就是这样子

　　一笔交易最终能否达成，与客户能够得到多少利益有着十分紧密的联系。只有在获利大于付出的情况下，客户才有可能做出购买决定。反之，客户则会离销售员而去。

　　销售员无法给客户带来足够的价值，或是无法为客户创造额外的价值，客户就不可能为产品付出更高的价格。毕竟，客户总希望自己付出的每一分钱都能为自己带来远大于一分钱的价值。

　　在销售实践中不难发现，无论销售员如何努力工作，总有一部分客户将目光盯在价格上。对于他们来说，价格才是最有吸引力的，至于价值之类的东西，他们根本就不在意。所以，很多销售员觉得，销售问题的本质是价格，因为大部分的客户都不在乎产品的价值，而只关注产品的价格。事实真的如此吗？并不尽然。对于很多客户来说，关注价格也是无奈之举，因为销售员并没有为他们介绍产品的价值。既然价值无法考量，那就只能在价格上做文章。

　　所以说，很多时候，并不是客户非得抓住价格不放，而是销售员没有为客户提供价值做参考，客户看不到产品的某种独特价值，当客户能够看到的只有产品价格时，他们当然会不断要求销售员降价。

如果销售员不希望将降价作为销售工作的撒手锏，那就只能从提升产品价值方面入手，通过介绍和增加产品的价值，让客户产生物超所值的想法。

　　如果销售员想创造出更多的价值，有两个条件一定要注意：一是找到创造价值的空间，二是找到创造价值的方法。从某种程度上来说，销售员所拥有的一切，都能成为价值销售的有力武器。通过各种资源的整合、利用，将产品能给客户带来的最大化价值展现在客户面前，客户往往更容易被打动。

　　当然，价值销售也存在自己的问题，那就是寻找和展示价值的过程，既费时又费力。但是一旦形成一个完整的价值销售系统，那么接下来的销售就将变得简单起来。

　　未来正以越来越快的速度赶来，销售模式的变化也将越来越快。谁能把握住未来世界中销售的特点，谁就能抢占先机，在未来的销售中立于不败之地。

后记
POSTSCRIPT

　　在之前很长的一段时间里，我一直想写一本介绍价值销售的书。原因有三点：一是销售的未来趋势必然是以客户为中心，销售员的唯一出路是努力帮客户实现价值；二是很多销售员存在思维误区，只有转变销售理念，才能成为销售达人；三是想总结一下自己的销售经验，希望打造一个完整的体系，为更多的销售员提供相应的帮助和素材。

　　几经周折之后，这本书终于成功和读者见面。在此，感谢那些给予我无私帮助的领导、同事、同行们！感谢所有为这本书的顺利出版付出努力的人！